Siempre con Él

*Una meditación
para cada día*

Ediciones Palabra
Madrid

© Fulgencio Espa Feced, 2024
© Antonio Fernández Velasco, 2024
© Fernando del Moral Acha, 2024
    Ediciones Palabra, S.A., 2024
    Paseo de la Castellana, 210 – 28046 MADRID (España)
    Telf.: (34) 91 350 77 20 – (34) 91 350 77 39
    www.palabra.es
    palabra@palabra.es

Diseño de portada: Equipo de producción
ISBN: 978-84-1368-330-0
Depósito legal: M. 1038-2024
Impresión: Gohegraf, S.L.
Printed in Spain – Impreso en España

FULGENCIO ESPA
ANTONIO FERNÁNDEZ
FERNANDO DEL MORAL

Siempre con Él

Una meditación
para cada día

Cuaresma
Semana Santa

PALABRA

CALENDARIO LITÚRGICO	2024	2025	2026	2027	2028	2029	2030	2031	2032	2033	2034
	B	C	A	B	C	A	B	C	A	B	C
2ª después de Navidad	—	5 ene.	4 ene.	3 ene.	2 ene.	—	—	5 ene.	4 ene.	2 ene.	—
Epifanía del Señor	6 ene.	6 ene.	6 ene.	6 ene.	6 ene.	6 ene.	6 ene.	6 ene.	6 ene.	6 ene.	6 ene.
Bautismo del Señor	7 ene.	12 ene.	11 ene.	10 ene.	9 ene.	7 ene.	13 ene.	12 ene.	11 ene.	9 ene.	8 ene.
2ª de tpo. ordinario	14 ene.	19 ene.	18 ene.	17 ene.	16 ene.	14 ene.	20 ene.	19 ene.	18 ene.	16 ene.	15 ene.
3ª de tpo. ordinario	21 ene.	26 ene.	25 ene.	24 ene.	23 ene.	21 ene.	27 ene.	26 ene.	25 ene.	23 ene.	22 ene.
4ª de tpo. ordinario	28 ene.	2 feb.	1 feb.	31 ene.	30 ene.	28 ene.	3 feb.	2 feb.	1 feb.	30 ene.	29 ene.
5ª de tpo. ordinario	4 feb.	9 feb.	8 feb.	7 feb.	6 feb.	4 feb.	10 feb.	9 feb.	8 feb.	6 feb.	5 feb.
6ª de tpo. ordinario	11 feb.	16 feb.	15 feb.	—	13 feb.	11 feb.	17 feb.	16 feb.	—	13 feb.	12 feb.
7ª de tpo. ordinario	20 may.	23 feb.	—	17 may.	20 feb.	21 may.	24 feb.	23 feb.	17 may.	20 feb.	19 feb.
8ª de tpo. ordinario	27 may.	2 mar.	25 may.	24 may.	27 feb.	28 may.	3 mar.	—	24 may.	27 feb.	29 may.
9ª de tpo. ordinario	3 jun.	—	1 jun.	31 may.	5 jun.	4 jun.	—	2 jun.	31 may.	—	5 jun.
MIÉRCOLES DE CENIZA	14 feb.	5 mar.	18 feb.	10 feb.	1 mar.	14 feb.	6 mar.	26 feb.	11 feb.	2 mar.	22 feb.
1ª de Cuaresma	18 feb.	9 mar.	22 feb.	14 feb.	5 mar.	18 feb.	10 mar.	2 mar.	15 feb.	6 mar.	26 feb.
2ª de Cuaresma	25 feb.	16 mar.	1 mar.	21 feb.	12 mar.	25 feb.	17 mar.	9 mar.	22 feb.	13 mar.	5 mar.
3ª de Cuaresma	3 mar.	23 mar.	8 mar.	28 feb.	19 mar.	4 mar.	24 mar.	16 mar.	29 feb.	20 mar.	12 mar.
4ª de Cuaresma	10 mar.	30 mar.	15 mar.	7 mar.	26 mar.	11 mar.	31 mar.	23 mar.	7 mar.	27 mar.	19 mar.
5ª de Cuaresma	17 mar.	6 abr.	22 mar.	14 mar.	2 abr.	18 mar.	7 abr.	30 mar.	14 mar.	3 abr.	26 mar.
Domingo de Ramos	24 mar.	13 abr.	29 mar.	21 mar.	9 abr.	25 mar.	14 abr.	6 abr.	21 mar.	10 abr.	2 abr.
DOMINGO DE PASCUA	31 mar.	20 abr.	5 abr.	28 mar.	16 abr.	1 abr.	21 abr.	13 abr.	28 mar.	17 abr.	9 abr.
2ª de Pascua	7 abr.	27 abr.	12 abr.	4 abr.	23 abr.	8 abr.	28 abr.	20 abr.	4 abr.	24 abr.	16 abr.
3ª de Pascua	14 abr.	4 may.	19 abr.	11 abr.	30 abr.	15 abr.	5 may.	27 abr.	11 abr.	1 may.	23 abr.
4ª de Pascua	21 abr.	11 may.	26 abr.	18 abr.	7 may.	22 abr.	12 may.	4 may.	18 abr.	8 may.	30 abr.
5ª de Pascua	28 abr.	18 may.	3 may.	25 abr.	14 may.	29 abr.	19 may.	11 may.	25 abr.	15 may.	7 may.
6ª de Pascua	5 may.	25 may.	10 may.	2 may.	21 may.	6 may.	26 may.	18 may.	2 may.	22 may.	14 may.
7ª de Pascua (Ascensión)	12 may.	1 jun.	17 may.	9 may.	28 may.	13 may.	2 jun.	25 may.	9 may.	29 may.	21 may.
PENTECOSTÉS	19 may.	8 jun.	24 may.	16 may.	4 jun.	20 may.	9 jun.	1 jun.	16 may.	5 jun.	28 may.
Lunes después Pentecostés	20 may.	9 jun.	25 may.	17 may.	5 jun.	21 may.	10 jun.	2 jun.	17 may.	6 jun.	29 may.
Comienza sem. del tpo. ord.	7ª sem.	10ª sem.	8ª sem.	7ª sem.	9ª sem.	7ª sem.	10ª sem.	9ª sem.	7ª sem.	10ª sem.	8ª sem.
Santísima Trinidad	26 may.	15 jun.	31 may.	23 may.	11 jun.	27 may.	16 jun.	8 jun.	23 may.	12 jun.	4 jun.
Cuerpo y Sangre de Cristo	2 jun.	22 jun.	7 jun.	30 may.	18 jun.	3 jun.	23 jun.	15 jun.	30 may.	19 jun.	11 jun.

CALENDARIO LITÚRGICO	2024 B	2025 C	2026 A	2027 B	2028 C	2029 A	2030 B	2031 C	2032 A	2033 B	2034 C
9º de tpo. ordinario	3 jun.	—	1 jun.	31 may.	5 jun.	4 jun.	—	2 jun.	31 may.	—	5 jun.
10ª de tpo. ordinario	9 jun.	8 jun.	7 jun.	6 jun.	12 jun.	10 jun.	9 jun.	8 jun.	6 jun.	5 jun.	11 jun.
11ª de tpo. ordinario	16 jun.	15 jun.	14 jun.	13 jun.	19 jun.	17 jun.	16 jun.	15 jun.	13 jun.	12 jun.	18 jun.
12ª de tpo. ordinario	23 jun.	22 jun.	21 jun.	20 jun.	25 jun.	24 jun.	23 jun.	22 jun.	20 jun.	19 jun.	25 jun.
13ª de tpo. ordinario	30 jun.	29 jun.	28 jun.	27 jun.	2 jul.	1 jul.	30 jun.	29 jun.	27 jun.	26 jun.	2 jul.
14ª de tpo. ordinario	7 jul.	6 jul.	5 jul.	4 jul.	9 jul.	8 jul.	7 jul.	6 jul.	4 jul.	3 jul.	9 jul.
16ª de tpo. ordinario	21 jul.	20 jul.	19 jul.	18 jul.	23 jul.	22 jul.	21 jul.	20 jul.	18 jul.	17 jul.	23 jul.
17ª de tpo. ordinario	28 jul.	27 jul.	26 jul.	25 jul.	30 jul.	29 jul.	28 jul.	27 jul.	25 jul.	24 jul.	30 jul.
18ª de tpo. ordinario	4 ago.	3 ago.	2 ago.	1 ago.	6 ago.	5 ago.	4 ago.	3 ago.	1 ago.	31 jul.	6 ago.
19ª de tpo. ordinario	11 ago.	10 ago.	9 ago.	8 ago.	13 ago.	12 ago.	11 ago.	10 ago.	8 ago.	7 ago.	13 ago.
20ª de tpo. ordinario	18 ago.	17 ago.	16 ago.	15 ago.	20 ago.	19 ago.	18 ago.	17 ago.	15 ago.	14 ago.	20 ago.
21ª de tpo. ordinario	25 ago.	24 ago.	23 ago.	22 ago.	27 ago.	26 ago.	25 ago.	24 ago.	22 ago.	21 ago.	27 ago.
22ª de tpo. ordinario	1 sep.	31 ago.	30 ago.	29 ago.	3 sep.	2 sep.	1 sep.	31 ago.	29 ago.	28 ago.	3 sep.
23ª de tpo. ordinario	8 sep.	7 sep.	6 sep.	5 sep.	10 sep.	9 sep.	8 sep.	7 sep.	5 sep.	4 sep.	10 sep.
24ª de tpo. ordinario	15 sep.	14 sep.	13 sep.	12 sep.	17 sep.	16 sep.	15 sep.	14 sep.	12 sep.	11 sep.	17 sep.
25ª de tpo. ordinario	22 sep.	21 sep.	20 sep.	19 sep.	24 sep.	23 sep.	22 sep.	21 sep.	19 sep.	18 sep.	24 sep.
26ª de tpo. ordinario	29 sep.	28 sep.	27 sep.	26 sep.	1 oct.	30 sep.	29 sep.	28 sep.	26 sep.	25 sep.	1 oct.
27ª de tpo. ordinario	6 oct.	5 oct.	4 oct.	3 oct.	8 oct.	7 oct.	6 oct.	5 oct.	3 oct.	2 oct.	8 oct.
28ª de tpo. ordinario	13 oct.	12 oct.	11 oct.	10 oct.	15 oct.	14 oct.	13 oct.	12 oct.	10 oct.	9 oct.	15 oct.
29ª de tpo. ordinario	20 oct.	19 oct.	18 oct.	17 oct.	22 oct.	21 oct.	20 oct.	19 oct.	17 oct.	16 oct.	22 oct.
30ª de tpo. ordinario	27 oct.	26 oct.	25 oct.	24 oct.	29 oct.	28 oct.	27 oct.	26 oct.	24 oct.	23 oct.	29 oct.
31ª de tpo. ordinario	3 nov.	2 nov.	1 nov.	31 oct.	5 nov.	4 nov.	3 nov.	2 nov.	31 oct.	30 oct.	5 nov.
32ª de tpo. ordinario	10 nov.	9 nov.	8 nov.	7 nov.	12 nov.	11 nov.	10 nov.	9 nov.	7 nov.	6 nov.	12 nov.
33ª de tpo. ordinario	17 nov.	16 nov.	15 nov.	14 nov.	19 nov.	18 nov.	17 nov.	16 nov.	14 nov.	13 nov.	19 nov.
34ª de tpo. ord. (Cristo Rey)	24 nov.	23 nov.	22 nov.	21 nov.	26 nov.	25 nov.	24 nov.	23 nov.	21 nov.	20 nov.	26 nov.
	C	A	B	C	A	B	C	A	B	C	A
1ª de Adviento	1 dic.	30 nov.	29 nov.	28 nov.	3 dic.	2 dic.	1 dic.	30 nov.	28 nov.	27 nov.	3 dic.
2ª de Adviento	8 dic.	7 dic.	6 dic.	5 dic.	10 dic.	9 dic.	8 dic.	7 dic.	5 dic.	4 dic.	10 dic.
3ª de Adviento	15 dic.	14 dic.	13 dic.	12 dic.	17 dic.	16 dic.	15 dic.	14 dic.	12 dic.	11 dic.	17 dic.
4ª de Adviento	22 dic.	21 dic.	20 dic.	19 dic.	24 dic.	23 dic.	22 dic.	21 dic.	19 dic.	18 dic.	24 dic.

MIÉRCOLES DE CENIZA

1. El deseo de volver a Dios.

2. ¿Por qué es necesario volver a Dios?
El significado de una auténtica conversión.

3. Un plan concreto.

1. Comienza la Cuaresma con el Miércoles de Ceniza. La primera lectura de hoy nos presenta unas palabras que Dios dirige a su pueblo por medio del profeta Joel: *Convertíos a mí de todo corazón* (Jl 2, 12). Esta es la invitación fundamental que nos hace cada año la Cuaresma. Conversión significa dar la vuelta, volverse a Dios. Y aunque parece que se trataría más bien de una tarea tuya, que debes llevar a cabo tú mismo con esfuerzo, sin embargo, la conversión no empieza en otro sino en Dios. ¿Cómo es posible si soy yo quien ha de volverse a Dios? Ciertamente eres tú quien ha de volver a Dios, pero solo lo harás si primero Él toma la iniciativa y te llama. Toda vuelta a Dios, empieza en realidad en Dios, porque solo podemos volver verdaderamente si es Él mismo quien nos llama y nos conduce por el camino.

Por eso, al comenzar la Cuaresma, que es tiempo de conversión, lo primero es caer en la cuenta de que la conversión es ante todo un don de Dios. Y, en consecuencia, si quieres alcanzarlo, debes, por encima de todo y antes de cualquier otra cosa, pedírselo. Pídele a Dios el don de una auténtica conversión. Ruégale que infunda en tu espíritu el deseo sincero de volver a Él, de unirte con más intimidad y fuerza a su Hijo Jesucristo que es el único camino que nos conduce hasta el Padre. La primera batalla de esta Cuaresma se libra en este punto: en tener el deseo auténtico de volver a Dios. Libra bien este combate implorando con insistencia a Jesús que encienda en ti por medio de su Espíritu la chispa del deseo de estar más cerca de Él.

2. Convertirse, volver a Dios, rectificar. Desde el primer momento la Iglesia pone ante nuestros ojos este mensaje, y lo hace con la exhortación fuerte y clara del profeta Joel. Pero, «¿por qué debemos volver a Dios? –se preguntaba el papa Francisco en su homilía del Miércoles de Ceniza de 2014–. Porque algo no está bien en nosotros, no está bien en la sociedad, en la Iglesia, y necesitamos cambiar, dar un viraje»[1].

Parece obvio; la necesidad de cambiar o rectificar implica que algo no marcha bien. Si tenemos necesidad de volver a Dios es porque nos hemos alejado de Él por el pecado. Sin embargo, a veces se habla de esto como si no fuera así, como si no hubiera nada malo en nosotros o en el mundo que nos rodea, o más bien como si eso que reconocemos como malo no estuviera de ningún modo vinculado a nuestras acciones o a nuestra responsabilidad. Nuestro mundo se muestra con frecuencia reacio a

---

[1] PAPA FRANCISCO, *Homilía*.

la noción misma de pecado y un ejemplo de ello es ese «no me arrepiento de nada» que se puede escuchar a veces de boca de algunas personas. Vivimos un tiempo en el que parece que todo vale si sigues lo que, expresado no sin cierta cursilería, te dicen tus sentimientos o tu corazón.

Decir que es preciso convertirse, volver a Dios, significa afirmar que hay en nosotros y en lo que nos rodea cosas que no están bien. Así, la llamada de la Cuaresma a que volvamos a Dios apunta en primer lugar a este hecho: en nuestra Vida hay pecado, hay cosas que están mal y que deberíamos cambiar; y la conversión empieza por asumir esto. El camino de la conversión comienza precisamente en este punto, en el reconocimiento de que somos pecadores, de que hacemos cosas mal y tenemos por tanto la necesidad de rectificar, de cambiar.

Y en ese cambio, en ese volver a Dios, hay que llegar hasta el fondo. Por eso la llamada del profeta habla de una conversión *de todo corazón*, no basta con quedarse en cuestiones externas o en prácticas formales. No es suficiente con rasgar los vestidos, como era costumbre entre los judíos para manifestar vergüenza o pesar ante un acontecimiento desgraciado, sino que la conversión, tu deseo de rectificar, ha de llegar hasta lo íntimo, hasta lo más profundo de tu alma: es el corazón lo que hemos de rasgar (cfr. *Jl* 2, 13).

3. Además de pedir a Dios un deseo auténtico de volver a Él y la humildad necesaria para reconocer que soy un pecador necesitado de su misericordia, quizá te preguntes: ¿qué más puedo hacer para vivir la conversión que reclama la Cuaresma? El evangelio te presenta los tres medios clásicos que te propone la Iglesia para que te ejercites durante este tiempo: oración, ayuno y limosna. También te previene del peligro principal que has de evitar: no reducirlas a prácticas externas. Los medios cuaresmales son una ayuda real para que puedas concretar ese deseo de conversión que pides a Dios y que implica luchar por vencer el pecado que hay en tu vida. Y esta victoria sobre la ruptura que significa el pecado, en palabras de san Juan Pablo II, «se realiza solamente a través de la transformación interior o conversión que fructifica en la vida mediante los actos de penitencia»[2]. ¿Quieres, entonces, que dé fruto en tu vida ese deseo que le pides a Dios de volver a Él? Entonces entrégate con sinceridad y entusiasmo a la práctica de la oración, el ayuno y la limosna a que te invita Cristo en el evangelio. Con rectitud en tu intención, cara a Dios, no a los hombres, ni a tu propio orgullo. Apuntando y anhelando la única recompensa verdaderamente apetecible: la que te dará tu Padre que ve en lo escondido, que ve en tu corazón y sabe lo que hay en él, que pone en ti el deseo de ir a Él y te ofrece un camino concreto por el que avanzar en este tiempo.

---

[2] SAN JUAN PABLO II, *Reconciliatio et paenitentia*, 4.

JUEVES DESPUÉS DE CENIZA

1. Ganar el mundo no significa ganar en vida.
2. El estilo cristiano.
3. La cruz solo es «cristiana» si es con Jesús.

1. Hace un tiempo me detuve en repasar una lista, de esas que pueden encontrarse con frecuencia en medios o en redes sociales, que establecía un ranking de los artistas musicales más importantes y exitosos de los últimos 25 años. Conocía a todos los de la lista, lo cual me causó satisfacción pues, aunque no es de mi gusto en general la música contemporánea, ya se ve que algo enterado de ella estaba. Pero lo que atrajo mi atención es que, de los diez primeros de la lista, siete ya habían muerto y lo habían hecho siendo muy jóvenes todavía. Despertada mi curiosidad, continué leyendo para ver la causa de sus fallecimientos. Había de todo: desde muertes violentas como asesinato y suicidio, o a consecuencia de la adicción a las drogas, hasta enfermedades como el sida o el cáncer. Pero tenían en común una existencia marcada por un éxito arrollador en su carrera profesional junto con una vida privada llena de insatisfacción y sufrimiento. Me dio que pensar, y enseguida me vinieron a la mente las palabras que dice Jesús en el evangelio de hoy: *¿De qué le sirve a uno ganar el mundo entero si se pierde o se arruina a sí mismo?* (*Lc* 9, 25)

Este ejemplo, sin duda, nos lleva al extremo. Probablemente no vivamos nosotros ni ese éxito profesional arrollador, ni –pidámoslo a Dios– ese vacío grande en su existencia. Pero, precisamente porque ellos sí ganaron el mundo entero –fueron ricos, jóvenes y famosos–, nos ilustran sobre la veracidad de las palabras de Jesús. En lo humano lo ganaron todo, pero fueron a la vez muy desgraciados hasta morir prematuramente. ¿De qué les sirvió todo eso si no encontraron el sentido de su existencia? Por eso considera tu vida, lo que haces, tus éxitos y fracasos, y busca mirarlos desde la perspectiva de Dios, no sea que en medio de esos afanes te pierdas lo más importante: los talentos que Dios te ha dado para que los disfrutes y los compartas.

2. Entonces, ¿el éxito humano implica la desgracia en lo espiritual? ¿Ganar el mundo significar perder la vida? Si así fuera significaría que lo que consideramos bueno humanamente –una familia feliz, un buen trabajo, una posición respetada, el éxito profesional y personal– es contrario o impedimento para la vida verdadera. Y no, evidentemente eso no puede ser. Nada malo hay en todo lo anterior. Tener éxito, «ganar el mundo» no es en sí camino a la perdición. Lo que nos dice Jesús es que ese éxito humano, si se alcanza al margen o, más aún, a costa de la propia vida, de lo que es más importante, entonces no sirve para nada.

Las palabras de Jesús nos ofrecen la clave para reconocer el auténtico éxito, que no solo está en el resultado sino en el camino que te lleva a él. Y ese camino consiste en seguirle y hacerlo con la cruz: *si alguno quiere venir en pos de mí, que se niegue a sí mismo, tome su cruz cada día y me siga* (*Lc* 9, 23). Se nos revela de este modo lo que el papa Francisco ha dado en llamar el «estilo cristiano» que lleva al auténtico triunfo. «Este es el estilo de vida que nos salvará, nos dará alegría y nos hará fecundos, porque este camino que lleva a negarse a sí mismo está hecho para dar vida; es lo contrario del camino del egoísmo, es decir, el que lleva a sentir apego a todos los bienes solo para sí. En cambio, este es un camino abierto a los demás, porque es el mismo que recorrió Jesús. Por lo tanto, es un camino de negación de sí para dar vida»[1].

Busca reconocer este camino en tu vida. No se opone a tus nobles aspiraciones humanas, sino que te ofrece el modo recto y verdadero de luchar por realizarlas sin que eso signifique arruinar la propia vida y quizá la de otros. No es el camino más corto, ni el más sencillo, tampoco el más deslumbrante, pero es el que lleva a la victoria verdadera.

3. Seguir a Jesús implica necesariamente abrazarse a la cruz como Él mismo hizo. No es posible ser cristiano al margen de la cruz, ni seguir al Maestro sin negarse. Pero, de igual modo que el éxito humano no significa de suyo la ruina del alma, tampoco el dolor o el sufrimiento por sí solos son camino de vida verdadera. No se trata de negarse a uno mismo por el hecho de negarse, o renunciar a determinadas cosas del mundo por el mero hecho de renunciar lo que constituye ese camino que nos ofrece

---

[1] Papa Francisco, (06-03-2014). Y lo que sigue.

Jesús. Como dice el papa Francisco «la cruz sin Jesús no es cristiana». Todo eso, negarse a uno mismo, la renuncia, el sufrimiento o el dolor, son camino de vida si lo vivimos con Jesús, del mismo modo que la cruz solo es fuente de vida porque en ella Jesucristo se ofreció por la salvación de todos los hombres.

Abrazar la cruz es para nosotros abrazar a Cristo, y, de hecho, solo podemos abrazarla verdaderamente en un sentido cristiano si lo hacemos de la mano de Jesús. Es a Jesucristo a quien debemos encontrar en ese camino de entrega que nos propone, descubriendo que, cuando negamos en nosotros nuestro deseo de tener más, o de ser más respetados y considerados, para hacer aquello que agrada a Dios y sirve para el bien de nuestros hermanos, lo que hacemos es decirle a Él que sí. El camino que te propone Jesús de seguirle tomando la cruz de cada día no es negación de ti mismo, aunque la incluye, es afirmación de Él en tu vida. Te dices que no a ti, a tu egoísmo, a tu vanidad y orgullo, para poder decirle que sí a Jesús. Esa es la paradoja: perder para ganar, no buscar reservarse ni acumular sino ofrecer y perder todo lo que se tiene para ganar lo que verdaderamente importa. Es la locura de la cruz. ¡Bendita locura que ojalá descubras como única guía para tu vida!

VIERNES DESPUÉS DE CENIZA

1. ¿Por qué ayunar?
2. Cumplir lo «obligatorio».
3. ...pero ir más allá.

1. Se acercan a Jesús los discípulos de Juan extrañados, porque ven que los que siguen a Jesús no ayunan, algo que sí hacen ellos, los fariseos, y, en general, algo que hacían todos los judíos piadosos. Abiertamente le preguntan por la razón de este comportamiento (cfr. *Mt* 9, 14). Hoy, en nuestros días, la extrañeza se produce entre muchos no por la falta de ayuno, sino por lo contrario. El precepto que nos manda nuestra madre la Iglesia de ayunar el Miércoles de Ceniza y el Viernes Santo, así como de abstenernos de comer carne los viernes, norma esta última que fuera de los viernes de Cuaresma en España puede sustituirse por el cumplimiento de cualquier otra penitencia, causa perplejidad entre muchos de nuestros contemporáneos. Pero, aunque la perplejidad de la gente sea hoy en el sentido contrario a la de los conciudadanos de Jesús, la respuesta que nos ofrece el Señor en el evangelio sirve igualmente para hacer frente a esa perplejidad y entender el porqué de este modo de comportarse. *¿Es que pueden guardar luto los amigos del esposo, mientras el esposo está con ellos? Llegarán días en que les arrebatarán al esposo, y entonces ayunarán* (Mt 9, 15).

Los discípulos de Jesús no ayunaban porque estaban con Él. Tú y yo sí lo hacemos porque le esperamos. Ayunamos mientras esperamos a Jesús. Nuestro ayuno, así como las demás privaciones a las que nos sometemos en la Cuaresma de un modo especial, tiene como finalidad prepararnos para recibir a Jesús y su gracia. Nuestras penitencias no son un ejercicio masoquista, ni tampoco algo dirigido a nosotros mismos para obtener un beneficio, como se hace en una dieta para adelgazar, sino que es algo que se dirige, en primer término, a Dios. Ayunamos por Él y para Él: porque es el soberano de todo y de todos, y merece nuestro reconocimiento y adoración.

2. Resulta evidente entonces por qué el ayuno es uno de los medios más excelentes que la Iglesia pone en tus manos para que de manera especial en la Cuaresma te ejercites y te prepares para compartir con Jesús su muerte y resurrección. Lo «obligatorio» es bien poco: ayuno el Miércoles de Ceniza y el Viernes Santo y no comer carne los viernes. Son dos cosas sencillas y fáciles, «una tontería», dicen muchos. Pues precisamente por eso empieza por cumplir esto con cuidado y delicadeza. Porque es poco y al alcance de todos, hazlo con suma atención. Es un modo de manifestar tu buen espíritu, de ser humilde y dócil a lo que nos pide nuestra madre la Iglesia. Ya solo por eso merece la pena y te será de provecho. Además, ya se encarga el enemigo de ponerle un poco de «mostacilla» al asunto. Basta que sea ayuno para que, aunque nunca te pasa, te entren unas ganas terribles de comer entre horas, o surge un plan que te pone en bandeja romper la abstinencia casi sin pretenderlo. El enemigo enreda porque sabe que no hay batalla pequeña, que todas importan. Por eso si quieres ganar esta batalla para decirle sí a Jesús, lucha en lo pequeño por negarte a ti mismo y mantenerte fiel en lo poco.

3. Como te decía, lo «obligatorio» es muy poquito y, aunque no hay que despreciarlo –como también te decía antes– parece que no basta quedarse ahí si se quiere progresar de verdad. En las cosas del amor la pregunta por lo obligatorio, con el fin de cumplir y no hacer más, no se entiende. O, ¿acaso comprendería una chica que su novio le preguntara por cuál es el mínimo de veces que le ha de manifestar su amor para que no le deje? Pues tampoco se entendería que nos contentáramos con el mínimo si de lo que se trata es de disponernos para decirle que sí a Jesús.

Piensa entonces cuáles van a ser esos ayunos que le ofrecerás al Señor y que te ayudarán a responderle. ¿Dónde buscar ideas? La primera lectura de la misa de hoy te puede ofrecer unas cuantas pistas. *Este es el ayuno que yo quiero: soltar las cadenas injustas, desatar las correas del yugo, liberar a los oprimidos, quebrar todos los yugos, partir tu pan con el hambriento, hospedar a los pobres sin techo, cubrir a quienes ves desnudo y no desentenderte de los tuyos* (*Is* 58, 6-7). El ayuno que más agrada al Señor, a tenor de lo que Isaías pone en boca del mismo Dios, es aquel que tiene en cuenta a los demás, el que piensa en los otros. Por eso, a la hora de proponerte algunos pequeños sacrificios que sean tu ayuno de estos días para el Señor, piensa en primer lugar en aquellas cosas que tengan que ver con aquellos que te rodean. Mira a ver en tu carácter y en tu forma de tratar a los demás –y no en abstracto, sino repasando situaciones y personas concretas–, si no hay aristas que pulir o asperezas que suavizar: podría ser que luches por tener más paciencia o comprensión en tal o cual caso, o más amabilidad con esta o aquella persona, o simplemente dibujar una sonrisa en tu rostro que sabes que tanto te cuesta, y que mucho alegraría a tu madre, esposa o hermanos; o bien, dedicar un poco de tiempo para escuchar a ese amigo o amiga que lo está pasando mal o está un poco solo. También podrías esforzarte por no decir la última palabra en las conversaciones y no imponer tu criterio. O quizá estar pendiente de no ocupar siempre el mejor puesto a la mesa o en el salón, de manera que otros lo puedan disfrutar.

El ayuno es cuestión de amor, de conquistar la propia libertad para amar con mayor generosidad. Por eso, imaginación al poder, exprime tu inteligencia y hallarás infinidad de modos de realizar ese ayuno que agrada al Señor.

SÁBADO DESPUÉS DE CENIZA

1. Leví encuentra algo que vale más que su dinero.
   2. Nada es más atractivo que Cristo.
   3. Un aviso para los que se creen justos.

1. *Después de esto, salió y vio a un publicano llamado Leví, sentado al mostrador de los impuestos, y le dijo: «Sígueme». Él dejándolo todo se levantó y lo siguió* (Lc 5, 27-28). No pases con rapidez por esta escena que nos relata san Lucas, porque es verdaderamente extraordinaria. En primer lugar, repara con atención en quién es Leví. Es un publicano, un hombre insaciable con un afán irrefrenable por poseer y tener más y más cosas. Es un amante del dinero y de las riquezas. Su fortuna procede de cobrar injustamente a sus propios compatriotas los impuestos para los romanos. Ese es Leví. Y está en el mostrador, cobrando, incrementando sus riquezas. Pero a la llamada de Jesús responde con prontitud, como un rayo, se levanta, deja todo lo que lleva recaudado y sigue al Maestro. ¿Qué induce a alguien como Leví a dejar sus riquezas, lo que más le importa y desea, para seguir a quien no tiene ni dónde recostar la cabeza? Solo cabe responder: ha encontrado un tesoro mayor.

Leví ha descubierto algo que vale más que el dinero, la riqueza o el poder. No es que su dinero no valiera, ni su dinero fuera despreciable, es que ahora ha hallado algo frente a lo que todo lo demás palidece.

Esa es la cuestión: descubrir que Jesús es la mayor fortuna ante lo que cualquier otra cosa queda sin valor. ¡Ojalá descubras tú esto mismo, como lo descubrió Leví! Seguir a Jesús no es en primer lugar renuncia y luego recompensa, sino que es encontrar el tesoro escondido, la perla preciosa que vale más que cualquier otra cosa. La renuncia viene después: para abrazar ese tesoro no podemos tener las manos llenas, hay que dejar lo demás. Si no lo entendemos y lo vivimos así, nuestras renuncias no serán causa de alegría y medio para tener la libertad de seguir a Jesús, sino fuente de amargura y tristeza que nos encadenan al pasado en lugar de darnos alas para el futuro.

2. De entre todos los manuscritos que había en la destartalada biblioteca de un viejo monasterio de Estambul, uno llamó la atención del investigador alemán C. Tischendorf. Era un volumen que contenía algunas obras de temática religiosa escrito en el siglo XIII sin, aparentemente, ningún valor especial. Sin embargo, debajo de aquella escritura medieval, casi borrado, pero aún recuperable, se encontraba el Libro del método de Arquímedes, una obra perdida, de la que incluso se llegó a dudar de su existencia, y que revela el camino usado por el gran matemático griego para descubrir y probar sus grandes teoremas mecánicos.

Hay tesoros que de por sí llaman la atención y brillan, pero no son necesariamente los más valiosos. A veces lo que vale más no llama la atención de primeras, sino que hay que saber reconocerlo. Hay tesoros que pasan por manos que, ignorantes de su valor, los dejan escapar por no saber lo que contienen. Así sucedió con aquel manuscrito de la obra perdida de Arquímedes. Aquel tesoro solo podía ser descubierto por unos ojos expertos que vieran debajo de aquella escritura vulgar, semejante a la del resto de los demás volúmenes de su alrededor, algo de un valor incomparable al resto. Sucede así también con Jesucristo. Para descubrir en ese tesoro todo cuanto va a suponer para tu vida has de saber mirar, reconocer el valor de aquello que tienes ante ti, yendo a lo profundo, al fondo. Y no hay mejor manera de aprender a mirar que profundizar en el conocimiento de Jesús y de su vida. De ese modo te pondrás en la pista adecuada para que aflore a tus ojos la belleza incomparable del camino que el Hijo de Dios te ofrece.

Busca de este modo descubrir en Jesucristo el tesoro de tu vida, escondido para ti desde antes de que existieras. Allí tienes la fuente de alegría y de libertad que hará, como hizo con Leví, que te levantes, dejes las demás cosas y, presto, acompañes a Jesús el resto de tus días.

3. Para terminar, Jesús da, permíteme la expresión, un aviso para navegantes: *No he venido a llamar a los justos sino a los pecadores a que se conviertan* (*Mt* 9, 13). Cuidado los que confían en las riquezas que acumulan, y no me refiero solo a las materiales. Cuidado por un lado aquellos que piensan que son justos, los que se fían de su justicia y no reconocen su pobreza. Los fariseos y escribas murmuraban y criticaban a Jesús porque se puso a comer con Leví y sus amigos (cfr. *Lc* 5, 30). Desprecian a esos hombres pecadores porque ellos piensan que son intachables. Su tesoro es su orgullo. Un pobre tesoro al que se aferran dando la espalda a Jesús.

Pero cuidado también aquellos que, sin convertirse, permanecen en su vida de pecado. Jesús ha venido a llamar a los pecadores, pero a que se conviertan, no a que sigan igual. La fiesta en casa de Leví es porque ha cambiado, ha dejado su vida de amante del dinero y las riquezas para seguir a Cristo como fiel discípulo y após- tol. Cuidado con no despegarse, mejor dicho, con no luchar por hacerlo –porque a veces es lucha para toda la vida–, de los propios vicios y pecados. También estos pueden convertirse en tesoro, aunque pegajoso y de olor pútrido, al que se aferren nuestros sentidos y nuestro corazón.

Por eso, no olvides que Cristo ha venido a llamarte a ti. Porque tú eres pecador –como yo– y quiere que te con- viertas, que cambies, que dejes, como Leví, las riquezas que no aprovechan. No te aferres a tu orgullo ni te creas justo ante Él. Pero, menos aún, no te aferres a tus peca- dos, tesoro pobretón y amargo que no puede satisfacer lo que tu corazón desea. Y escucha la llamada del Maestro que quiere que descubras el tesoro de su compañía.

DOMINGO I DE CUAREMA CICLO A

1. ¿Por qué la Cuaresma?
2. Lo que nos hace el pecado.
3. Lo que hace Dios frente al pecado.

1. Hace unos pocos días, el Miércoles de Ceniza, empezábamos la Cuaresma, que es el tiempo de preparación para la Pascua. Se trata, ante todo, de unirnos más íntimamente a Jesús y seguirle en su camino hacia la cruz para compartir con Él su entrega y su victoria. Al considerar este camino, el papa Benedicto XVI se preguntaba «¿Por qué la Cuaresma? ¿Por qué la Cruz? La respuesta, en términos radicales, es esta: porque existe el mal, más aún, el pecado, que según las Escrituras es la causa profunda de todo mal»[1]. Hoy las lecturas de la misa nos hablan precisamente de esto, y lo hacen yendo a la raíz: la Iglesia nos propone la página del Génesis que narra el primer pecado de los hombres, la caída de Adán y Eva.

Hablar de pecado supone en último término tener a Dios presente. La misma palabra «pecado» implica una visión religiosa del mundo. El papa Benedicto lo explica

---

[1] Benedicto XVI, Ángelus (13-05-2011). También lo que sigue.

recurriendo al ejemplo del sol y de las sombras. Del mismo modo que solo apreciamos las sombras cuando hay sol, solo podemos hablar del pecado en referencia a Dios. Sin sol no hay sombras, sin Dios no hay pecado. No te extrañe que, en nuestro mundo, que con frecuencia busca eclipsar a Dios, también eclipse la noción de pecado. Por eso, redescubrir el sentido de Dios en la vida lleva a reconocer el pecado, como el salir del sol hace que veamos las sombras. No tengas miedo a meditar entonces esta realidad del pecado en la que vivimos, porque hacerlo adecuadamente te llevará a conocer mejor a Dios y a conocerte mejor a ti.

2. El relato del Génesis nos ofrece, en primer lugar, una explicación del origen del pecado y de todo mal. No hay que buscar su raíz en Dios, ni tampoco en ningún otro principio o ser divino que hubiera junto a Él. El pecado es obra de las criaturas. La raíz del mal está en la misma humanidad, que desobedeció a Dios, engañada por la serpiente. Así es el pecado: se sirve siempre de la mentira, del engaño. Si el relato te presenta la raíz de todo pecado, inmediatamente hace lo mismo con sus efectos en todos los hombres. El pecado lleva a la pérdida de la amistad con Dios: Adán y Eva se esconden de Dios porque no soportan presentarse ante Él. Todo esto que sucede en el primer pecado se reproduce en cada pecado personal que cometemos. Por eso te será de gran provecho considerarlo con calma.

Empecemos por lo último. El pecado hace que no podamos presentarnos ante Dios. Fíjate que Él no se aleja de sus criaturas, aunque estas han desobedecido; son Adán y Eva las que se esconden, las que quieren evitar a Dios. Es una obviedad, pero parece que a veces se nos olvida: el primer factor que nos aleja de Dios es nuestro propio pecado. Y, en ocasiones, buscamos respuestas complicadas a por qué nos cuesta hacer oración, o por qué notamos que nuestra fe vacila o flaquea la esperanza, cuando en realidad lo que sucede es consecuencia de nuestros pecados. Con frecuencia acudir a la confesión es el remedio para tales cosas, o al menos el comienzo de la solución.

En segundo lugar, no pases por alto lo que te decía antes, el pecado viene con y a través de una mentira: *¿Conque Dios os ha dicho que no comáis de ningún árbol del jardín?* (*Gn* 3, 2) Es burda, y en seguida Eva desmiente a la serpiente diciendo que pueden comer de todos los árboles menos del que está en medio del jardín, pero sirve a la serpiente para entablar diálogo con Eva, y eso a la postre llevará a la perdición de esta. No tengas duda. Cuando entramos a dialogar con la tentación estamos perdidos. La serpiente sabe más que nosotros, porque es muy vieja y lleva toda la vida haciendo su trabajo. Incluso cuando entra de manera burda, o tonta, o como cosa menor, huye de la tentación sin dialogar, sin entablar conversación. Porque la serpiente se agarra a cualquier oportunidad que le ofrezcas.

3. Y ante el mal y el pecado ¿qué hace Dios? Oponerse al pecado y a su poder, y salvar al pecador. Dios no puede tolerar el pecado porque Él es la bondad, la justicia la fidelidad, y precisamente por eso no quiere que el pecador muera, sino que se convierta de su pecado y tenga vida verdadera. Él se ha decidido a acudir en rescate de los pecadores luchando contra el pecado y venciéndolo para liberar a los que habían sido atrapados por él. Al impulso de alejarse y esconderse que tienen Adán y Eva,

Dios responde saliendo al encuentro del hombre por medio de una historia de salvación que culmina con el envío de su Hijo amado.

Jesucristo es la prueba definitiva de la determinación de Dios por vencer el pecado y darnos la libertad. Él ha venido a luchar por nosotros y a derrotar a la vieja serpiente que causó la caída. Como dice el papa Benedicto: «Contra este plan de salvación definitivo y universal el Diablo se ha opuesto con todas sus fuerzas, como lo demuestra en particular el evangelio de las tentaciones de Jesús en el desierto». Jesús nos muestra el camino en la batalla y nos llama a luchar junto a Él. Entrar en el tiempo de Cuaresma significa ponerse al lado de Cristo y afrontar el combate contra el pecado y el mal. Pídele a Jesús el coraje necesario para unirte a su lucha, para mirar cara a cara al pecado y combatirlo en ti y en lo que te rodea hasta su misma raíz. El coraje para no caer en la tentación de buscar excusas para tus faltas o descargar tu responsabilidad en los demás o en las circunstancias, y, en lugar de esto, asumir con madurez la carga que conllevan tus actos y emprender la batalla a la que te llama Jesús. La Cuaresma es combate, combate contra el pecado y el mal. Combate espiritual junto a Cristo y con Cristo para vencer el mal de nuestro pecado: líbralo de la mano del mismo Espíritu que guio a Jesús en el desierto.

DOMINGO I DE CUAREMA CICLO B

1. No reniegues de la dificultad: humíllate ante ella, alza tu corazón a Dios y lucha con todas tus fueras.

2. Se crece con esfuerzo y se madura con dolor.

3. Gustar de la debilidad del cuerpo para gustar del poder de la gracia.

1. La Iglesia ofrece a nuestra consideración las tentaciones de Jesús al inicio de la Cuaresma. Tres razones nos invitan a pensar cuál es el motivo de esta sugerencia. Nuestro objetivo es desgranarlas una a una, haciendo de ellas el centro de nuestras consideraciones. Más allá del dramático episodio de la huida a Egipto, poco o nada nos dicen los evangelios a propósito la infancia de Jesús y su vida oculta. No cabe duda de que hubo situaciones de perplejidad, como la ocasión en que el adolescente Jesús se quedó en el templo por espacio de tres días.

Hoy leemos cómo Jesús padeció voluntariamente en el desierto: sufrió hambre, sed y tentación. Mal de cuerpo y de alma. Este padecer será una constante durante toda su vida. Incomprensiones, odios, recelos, olvidos. Finalmente, la cruz.

Esta es la primera lección que podemos extraer de la liturgia del día. Nada hay más instructivo que perseverar a pesar de la tentación o en el sufrimiento. Sobre esto ya hemos reflexionado en alguna ocasión en este libro, pero conviene volver a hacerlo. El cristiano tiene que aprender a madurar en el camino del padecer.

«El alma, si quiere reinar con Cristo en la gloria eterna», predicaba el Padre Pío, «ha de ser pulida con golpes de martillo y cincel, que el Artífice divino usa para preparar las piedras, es decir, las almas elegidas. ¿Cuáles son estos golpes de martillo y cincel? Hermana mía, las oscuridades, los miedos, las tentaciones, las tristezas del espíritu y los miedos espirituales, que tienen un cierto olor a enfermedad, y las molestias del cuerpo»[1].

No es necesariamente malo sufrir ese conjunto de ataques. Piensa en el encabezado del texto evangélico: «El Espíritu empujó a Jesús al desierto». El Señor no fue conducido por el maligno a la prueba. Podemos decir que el encuentro de Jesucristo con la tentación fue querido por Él mismo. Fue el Espíritu quien le condujo, y fue su fuerza y la pureza de su humanidad las que le llevaron a la victoria en su diálogo con Satanás.

Cuando la tentación arrecie en nuestra vida, y el sufrimiento cope nuestros anhelos, volvamos humildemente a la humanidad de Jesús. Cuando todo eso suceda, acudamos decididos al Espíritu de Dios, a la

---

[1] San Pío de Pietrelcina, *Oficio de lectura de la memoria*.

voluntad amorosísima del Padre que quiere que sus hijos vivan por siempre. No reniegues de la dificultad: humíllate ante ella, alza tu corazón a Dios y lucha con todas tus fuerzas.

2. «Las tentaciones no deben asustarte, es a través de ellas que Dios quiere probar y fortificar tu alma, y él te da, al mismo tiempo, la fuerza para vencerlas», predicaba en una ocasión el Padre Pío.

«Hasta aquí tu vida ha sido la de un niño; desde ahora el Señor quiere tratarte como adulto. Ahora bien, las pruebas de un adulto son muy superiores a las de un niño, y esto explica porque tú, al principio te has turbado tanto. Pero la vida de tu alma pronto recuperará su calma, eso no va a tardar. Ten aún un poco de paciencia, y todo irá mejorando»[2].

La perseverancia en la tentación es muestra de gran fidelidad. Se crece con esfuerzo y se madura con dolor. Solo un calor abrasador consigue apretar la uva exprimiendo todo su sabor. Aguanta hasta que tu hacedor pase cerca y saque de ti el buen vino que se aquilata en tu perseverancia.

«Guárdate mucho de caer en una agitación cuando luchas contra tus tentaciones, porque esto no haría sino fortificarlas. Es necesario tratarlas con desprecio y no ocuparte más de ellas. Vuelve tu pensamiento hacia Jesús crucificado, su cuerpo puesto entre tus brazos y di: "¡Esta es mi esperanza, la fuente de mi gozo!

---

[2] San Pio de Pietrelcina, *Epistolario* 3, 626 y 570; CE 34. También, para la cita que sigue.

Me uno a él con todo mi ser, y no te dejaré hasta que no me hayas dado seguridad"».

3. A diferencia los otros dos evangelios sinópticos, san Marcos no detalla el contenido de las tentaciones. Sabemos que Cristo se vio tentado por el hambre, y también fue sacudido por el maligno en el alero del templo y en la contemplación de todos los reinos de la tierra. Nada de eso dice Marcos. ¿Lo desconoce? Seguramente no: es un pasaje demasiado importante como para pensar que el evangelista lo desconociera. Muy probablemente pensó que con lo que nos contaba ya era suficiente.

El hecho es que Cristo se enfrenta contra su propia debilidad en las tentaciones. Después de tantos días de ayuno, siente la flaqueza de su humana extenuación. Una inmensa novedad irrumpe en la historia humana: el Dios hecho hombre padece, como el resto de los hombres.

En nuestro caso, a la debilidad del cuerpo se suma la flaqueza mortal del alma: el pecado. Cristo pasó por encima de la tentación de la debilidad, nosotros debemos reponernos con frecuencia de la flaqueza del pecado. En Cristo encontramos la fuente de nuestra propia reconciliación y victoria. Con Jesús la victoria está asegurada, aunque caigamos. Él venció: nosotros, con Él, podemos hacerlo.

Comenzamos el tiempo de Cuaresma. Aprovechemos estos días para fortalecer nuestra debilidad por la penitencia. No esperemos a caer en el pecado para conocer el poder de la gracia. Emplea estos días en penitencias corporales, para gustar lo poco que eres, aunque parezca lo contrario. Prescinde del alimento que te gusta, haz un uso del móvil más austero, gasta menos en tus salidas nocturnas, emplea tu tiempo en los más necesitados. Este es mi consejo para la Cuaresma: gusta de la debilidad de tu cuerpo para gustar nuevamente del poder de la gracia.

DOMINGO I DE CUARESMA CICLO C

1. Jesús no rehúye la batalla.
2. No luchas solo.
3. Conocer el campo de batalla.

1. La Primera Guerra Mundial supuso en muchos ámbitos un cambio radical en el planteamiento y desarrollo de un conflicto, dando lugar a episodios y situaciones nunca vistas con anterioridad.

Una de ellas fue la contienda naval que tuvo lugar en el Mar del Norte entre la Marina Real Británica y la Marina Imperial Alemana. Contienda que se redujo prácticamente a una batalla, la de Jutlandia, de desenlace discutido y de repercusión casi nula en el devenir de la guerra. El resto del conflicto ambas flotas estuvieron ancladas en sus bases o realizaron pequeñas escaramuzas siempre con el miedo de caer en una trampa de la flota enemiga. Rehuir el combate pareció alzarse como la estrategia principal de ambos, y quedar sin daños importantes el único éxito.

Te cuento esto porque es justamente lo contrario de lo que hace Jesús, tal y como te relata el evangelio de hoy. La estrategia del Señor es diametralmente opuesta.

Él no rehúye el combate, no lo evita, ni se preocupa por los daños que pueda sufrir, al contrario, lo busca con decisión. Las tentaciones en el desierto no son un contratiempo, ni una dificultad inesperada a la que ha de hacer frente el Maestro, al contrario, son fruto de su elección y forman parte de la misión que el Padre le ha encomendado. Es el Espíritu quien le guía al desierto para que allí comience a realizar el encargo del Padre de liberarnos del pecado y de la muerte. Como señala Benedicto XVI a propósito de este pasaje de las tentaciones: «Él no lo hizo [salvarnos del pecado y de la muerte] con declaraciones altisonantes, sino luchando en primera persona contra el Tentador, hasta la cruz. Este ejemplo vale para todos: el mundo se mejora comenzando por nosotros mismos, cambiando con la gracia de Dios, lo que no está bien en nuestra propia vida»[1].

2. No huir del combate, no desistir, es la primer a de las enseñanzas que puedes hoy sacar de la lectura del Evangelio. Una enseñanza que reclama ser vivida y, por ello, pídele a Dios que te conceda seguir su ejemplo y dar la batalla contra el enemigo y sus asechanzas. Y ten muy presente que rehuir el combate es ya pactar a la baja con tus debilidades y con la mediocridad. ¡No te conformes con lo que hay, ni con lo que crees que das de ti! Pídele a Jesús el ánimo para luchar y la gracia para vencer. Porque no olvides lo que recalca san Lucas al comienzo de su narración: *Jesús lleno del Espíritu Santo, volvió del Jordán y el Espíritu lo fue llevando durante cuarenta días por el desierto, mientras era tentado por el diablo* (*Lc* 4,

---

[1] BENEDICTO XVI, Ángelus (21-2-2010). Y lo que sigue.

1-2). El Señor va a la batalla guiado y acompañado por el Espíritu Santo, y si eso hizo Cristo que era el Hijo eterno del Padre, ¿cómo vamos a ir tú y yo solos al combate? Por eso no olvides que para dar la batalla has de contar con el mismo Espíritu con que contó Cristo, con sus dones y sus frutos, de otro modo corres el grave riesgo de fracasar. Confía, no en tus fuerzas, sino en las de Dios y verás cómo todo es más sencillo.

Luchar, dar la batalla, ¿pero en qué? Las tres tentaciones a que se sometió el Señor te enseñan sobre qué terreno has de desplegar tu lucha. La primera es la tentación del hambre, es decir de las necesidades materiales. ¿Acaso no experimentas en tu interior un deseo excesivo y a veces desordenado de cosas materiales? Y te das cuenta de que debes luchar para conquistar tu libertad sobre ellos, para dominar tú sobre esas necesidades y no que te dominen de modo desordenado. Aquí tienes un primer campo de batalla en el que plantar los intentos del enemigo por atarte con las ligaduras del afán desordenado de bienes materiales. No te dejes embaucar y lucha por tu libertad.

3. En toda batalla es preciso un buen conocimiento del terreno donde se va a desarrollar, para poder tener éxito en la misma. Por eso venimos considerando, a partir de las tentaciones del Señor, ese campo de batalla en el que has de librar tu contienda con el Tentador. Ya hemos reconocido el terreno de las necesidades y las cosas materiales. La segunda de las tentaciones te señala otro campo de batalla: el poder, el orgullo y la vanidad. Jesús te enseña en esta ocasión a luchar contra ese deseo por figurar, por ser importante, por situarse sobre los demás a cualquier precio. Y la tercera tentación: no tentar a

Dios. Con Dios no valen «cambalaches» no hay experimentos ni trueques. En tu relación con Dios has de luchar por vencer la tentación de hacer de él un instrumento para salirte con la tuya, ¡como si Él fuera tu servidor y no al revés! No servirte de Dios sino servir a Dios.

Este tiempo de Cuaresma que acabamos de comenzar es como esa travesía en el desierto que hizo Cristo, es un tiempo de gracia para que te entregues con generosidad a esa lucha contra el Enemigo por conquistar tu libertad respecto de las cosas materiales, por someter tu orgullo y vanidad, y por buscar un auténtico espíritu de adoración. Este es un tiempo para que te dejes guiar por el Espíritu del Señor y uses con generosidad de las armas que Él pone en tu mano y que ya el Miércoles de Ceniza te fueron recordadas: oración, ayuno, limosna, y sobre todo la escucha de la Palabra de Dios. ¡Ojalá que, de la mano del Señor, te desempeñes con destreza en el combate y empuñes bien estas armas de la fe!

LUNES I SEMANA DE CUARESMA

1. *Cuando Jesús venga en gloria querrás que
la comparta contigo.*

2. *El criterio del juicio: la misericordia.*

3. *Sed santos como mi Dios es santo.*

1. La parábola del Juicio final que nos ofrece el evangelio de hoy es una de las páginas del evangelio más conocidas y que más influencia ha tenido a la hora de configurar los valores y la moral de las naciones de tradición cristiana. Se trata de una imagen sencilla, fácil de comprender, que nos habla de lo que sucederá cuando Jesucristo venga en gloria. Resulta obvio que cualquiera de nosotros querrá estar entre las ovejas que escuchan de labios del Señor estas palabras tan consoladoras: *Venid vosotros benditos de mi Padre; heredad el reino preparado para vosotros desde la creación del mundo* (Mt 25, 34). Y de ningún modo querremos ser parte de las cabras de su izquierda juzgadas dignas de condenación. Pero eso de lo que habla la parábola será *cuando venga en su gloria el Hijo del hombre* (Mt 25, 31), cosa que todavía no ha sucedido, «porque ahora ha venido en deshonor, en injurias e ignominias»[1]. Si nos habla tan claramente de su gloria es porque está ya muy cerca la pasión y la cruz, tan cargadas de infamia y lejos de cualquier parecido a la gloria, y quiere animar a sus discípulos haciéndoles mirar al desenlace, al Juicio final que hará justicia al mundo y a la historia.

Mira al juicio como te propone Jesús y hazlo deseando estar entre los *benditos de su Padre*. Desea compartir con Jesús la gloria con la que vendrá. Pero todavía no estamos en la venida en gloria. Aún no se ha producido lo que nos promete el Señor, sino que vivimos todavía en la espera de este acontecimiento. Lo que sí tenemos con nosotros, lo que sí podemos compartir ya es la venida en ignominia de Jesús. Por eso si la gloria la puedes desear, y ojalá así sea, y desees de corazón la salvación de Dios, lo que puedes poseer ahora y compartir plenamente con Jesús es su pasión y su cruz. No olvides que este es el camino a la gloria que deseas, no hay otro. Por eso, aunque te cueste, e incluso te repugne, pídele también a Jesús desear compartir su cruz.

2. Pero volvamos a la consideración del Juicio final que sucederá cuando venga Cristo en su gloria. Además del anuncio del juicio, esta parábola de san Mateo, nos revela cuál será el criterio que se aplicará en el mismo. Lo encontramos en la razón que lleva a separar ovejas de cabras, benditos –que disfrutarán de la salvación y la gloria– de malditos, que sufrirán la condenación eterna: *Tuve hambre y me disteis de comer, tuve sed y me disteis*

---

[1] San Juan Crisóstomo, *Homilías sobre el Evangelio de Mateo*, 79, 1.

de beber... (*Mt* 25, 35). El criterio es la misericordia; según la hayamos practicado así la recibiremos.

El juicio de Dios, que ya se nos ha revelado como un juicio misericordioso –pues Dios no quiere la muerte del pecador, sino que se convierta y viva (cfr. *Ex* 18, 23)–, se presenta también como un juicio acerca de la misericordia que hayamos vivido cada uno. Así lo indica la enumeración de las obras de misericordia como la razón, en caso de haberlas practicado, de entrar en el reino del Padre o de quedarse fuera del mismo, en caso de no haberlas cultivado a lo largo de la vida.

Si para compartir la gloria del Hijo del hombre, te decía antes, tienes que compartir antes su cruz, ahora se revela un aspecto de esto de cara al juicio. Tomar la cruz, compartirla, no es algo pasivo, no se refiere sin más a sufrir por sufrir. No se trata de padecer sin más. Tomar la cruz y seguir a Jesús significa más bien participar de su actitud de entrega y de su disposición a darse al Padre por todos los hombres. Algo que se manifiesta de modo principal en las obras de misericordia que enumera Mateo. Ahí tienes una guía práctica de cómo tomar activamente la cruz, de cómo hacer tuya esa disponibilidad de Jesús para ofrecerse a Dios por los demás. Cultiva la misericordia a través de esos actos concretos, así te unirás más a Jesús y podrás tener la alegría y el consuelo de que ya en el presente estás portándote como esos benditos del Padre celestial, y también la esperanza de que en el día del juicio el Señor no lo olvidará.

3. Tomar la cruz y practicar la misericordia de cara al juicio –que será sobre cómo la hemos practicado entre nosotros– tienen en el fondo una misma raíz: parecernos a Jesús. Si el juicio versará sobre cómo hemos o no vivido la misericordia con los demás en nuestra vida, es en definitiva porque Cristo ha tenido misericordia, y la ha tenido sin medida con nosotros. El juicio será una especie, permíteme esta imagen, de juego de las diferencias entre la vida de Cristo y la nuestra. Seremos contados entre los benditos del Padre si nuestra vida se parece a la de Él. Llegamos de este modo al mandamiento que expresa la primera lectura de la misa, tomada del Levítico, y que señala la raíz de la verdadera práctica religiosa: *Sed santos, porque yo, el Señor, vuestro Dios, soy santo* (*Lv* 19, 2). Esto es lo que se nos exige en el juicio: ser como Cristo.

Quizá estés pensando que eso es imposible, que no podemos, por muy bien que hagamos las cosas, asemejarnos a Cristo con nuestras obras. Y tienes razón, no podemos. Las obras de misericordia para tener la eficacia de asemejarnos a Cristo no pueden ser solo actos de nuestra voluntad, hace falta algo más. *Cada vez que lo hicisteis con uno de estos, mis hermanos más pequeños, conmigo lo hicisteis* (*Mt* 25, 40). Ese es el secreto de la eficacia de las obras de misericordia, que Jesús ha querido unirse de modo especial a esos «hermanos más pequeños», los que sufren y pasan necesidad, de modo que al tener misericordia de ellos estamos amando a Cristo que la ha tenido antes con nosotros. Descubre a Jesús en los demás y hallarás una fuente inagotable para amarle a Él y servirle en sus hermanos –que son también los tuyos–, sobre todo en los más pequeños.

MARTES I SEMANA DE CUARESMA

1. La oración es tu mejor arma para esta Cuaresma.
2. El mejor maestro para enseñarte a rezar.
3. El compendio de oración más perfecto.

1. Ya el Miércoles de Ceniza, al comenzar la Cuaresma, la Iglesia nos presentaba los tres medios soberanos para vivir este tiempo: oración, ayuno y limosna. Son las armas que has de tomar si quieres librar bien el combate que supone el camino a la cruz. Hoy el evangelio nos habla de la oración. Jesús mismo aparece con frecuencia en los relatos de los evangelistas orando. Desde el mismo momento de iniciar su ministerio público con el bautismo en el Jordán, cuando *ya bautizado se hallaba en oración* (*Lc* 3, 21), toda la vida y actividad de Jesús está bajo el signo de la oración. Los evangelistas han consignado repetidamente en sus relatos cómo Jesús buscaba momentos de soledad en lugares apartados para estar con su Padre, marchándose muy temprano o pasando la noche entera (cfr. *Mc* 1, 35; *Mt* 26, 36; *Lc* 5, 16; 9, 18; 11, 1. Por poner solo unos ejemplos). Ante una decisión importante, como era la elección de los doce, pasa toda la noche en oración (cfr. *Lc* 6, 12). De la oración brota su fuerza para curar; por ejemplo, nos relata san Marcos cómo al abrir los oídos a un sordo *levantó los ojos al cielo, suspiró y le dijo Effetá, que quiere decir ¡ábrete!* (*Mc* 7, 34). Antes de obrar el prodigio de la multiplicación de los panes y de los peces se refiere que pronuncia la bendición (cfr. *Mc* 8, 7). Incluso el mismo Jesús manifiesta públicamente que la milagrosa resurrección de Lázaro es fruto de su oración cuando inmediatamente antes de mandar salir a su amigo del sepulcro, en el que ya lleva tres días, dice: *Padre te doy gracias por haberme escuchado...* (*Jn* 11, 41). ¡Y que tengamos la tentación a veces de pensar que la oración no sirve de nada...!

2. Por eso no debe extrañarnos que los discípulos le pidiesen a Jesús que les enseñase a orar (cfr. *Lc* 11, 1). Ellos, que están con Él todo el tiempo, son testigos de la fuerza que emana de esa conversación permanente de Jesús con el Padre, que se alimenta de modo especial en aquellos momentos de intimidad a solas en lugares apartados, y quieren tener algo semejante, quieren que Jesús les enseñe a tratar a Dios como Él lo hace. Aprópiate de esta petición y dile que te enseñe a orar, que te introduzca en esa conversación maravillosa que tiene con su Padre, porque de eso se trata en la oración. Y atiende bien a la lección magistral que te ofrece san Mateo en el relato que hoy se lee en la misa. En él Jesús te sugiere lo que debes y lo que no debes pretender.

Vamos primero a lo que no debes: *Cuando recéis, no uséis muchas palabras, como los gentiles, que se imaginan que por hablar mucho les harán caso* (*Mt* 6, 7). En la oración no se trata –permíteme la expresión– de «colocar nuestro rollo». No vamos a informar a Dios de algo que desconoce, ni a convencerle para que nos dé aquello que de primeras no quería. Dios sabe lo que nos hace falta antes de que se lo pidamos (cfr. *Mt* 6, 8). Las muchas palabras lo que hacen es liarnos y, en todo caso, impedirnos escuchar lo que Dios tiene que decirnos. Y es precisamente a esto a lo que vamos a la oración: a escuchar. Escuchar a Dios, prestar atención a lo que es relevante para nuestra vida, es el principal objeto de nuestra oración. Por eso no ahoguemos en muchas palabras la conversación con Dios. Aprende a disfrutar de su compañía junto al sagrario, en silencio, pasando un rato a solas con Él, de modo semejante a cuando Jesús se iba al monte. Así podrá hablarte al corazón, sin que tus muchas palabras, o el ruido de alrededor, sofoquen el dulce susurro con el que –muy bajito, en confidencia– te dice acerca de tu vida y de la suya.

3. Y, seguidamente, lo que sí debes decir. Jesús entrega a sus discípulos –te lo entrega a ti también– el Padrenuestro, la oración propia de los hijos. Que la frecuencia –ojalá que así sea– con la que dices esta oración no te lleve, en cambio, a perder de vista su valor incalculable. Dice san Cipriano de Cartago sobre ella que «no queda nada de cuanto se refiere a la oración y a la plegaria, que no esté comprendido en este compendio de doctrina celestial»[1].

Cristo te enseña a llamar a Dios Padre. Fíjate, en primer lugar, en que es un verdadero privilegio fuera de tu alcance y del de cualquier hombre o mujer. Solo el Hijo puede llamar así a Dios, y aquellos a los que Él ha dado el espíritu de adopción (cfr. *Ga* 4, 4). ¡Somos de Dios!

---

[1] San Cipriano, *El Padrenuestro*, 9.

No porque lo merezcamos, sino porque Jesús nos lo ha alcanzado. Dios ha querido que puedas entonces dirigirte a Él llamándole Padre para que le pidas con toda confianza cuanto necesitas. Y lo que más necesitas está en esta oración. En ella puedes aprender lo verdaderamente necesario para ti y los que te rodean, a la vez que se lo reclamas a Dios.

Por eso la primera petición no es otra que *santificado sea tu nombre*, a la que sigue, *venga a nosotros tu reino*. No exigimos con ellas nada que Dios no tenga, sino que pedimos que su reino llegue ya a nosotros y que sea reconocido como Dios y Señor por todos. Esto es lo más necesario, lo más importante. Es equivalente a rogar la salvación, para que el plan de Dios sea llevado a su pleno cumplimiento. Es pedir que, aquello por lo que Cristo ofreció su vida, se realice en cada uno de nosotros. Reza a Dios para entender esto, y descubrirás que las demás cosas que suplicas –cumplir la voluntad de Dios, el pan de cada día, el perdón de los pecados, ser librado del mal y no caer en la tentación– son en realidad medios necesarios para que ese reino llegue hasta ti.

MIÉRCOLES I SEMANA DE CUARESMA

1. Un loco por amor de Dios.
2. Los signos necesitan ser interpretados.
3. Pero, ¿cuál es la señal de Jonás?

1. Juan Ciudad nació en 1495 en la población de Montemor o Novo, cerca de Évora en la región portuguesa del Alentejo. De joven, desempeñó diversos oficios, entre ellos el de pastor, hasta que fue a Granada donde se dedicó a vender libros. Allí, en la ermita de los Mártires, el 20 de enero de 1539 tuvo lugar el acontecimiento que cambiaría su vida para siempre. Escuchó predicar a san Juan de Ávila, que le causó tan honda impresión y tal conmoción espiritual que destruyó los libros que vendía. Tras vagar algunos días por la ciudad, siendo juzgado por loco, fue recluido en el Hospital Real. Allí podrá ordenar sus ideas y viendo –y padeciendo– el trato tan poco humanitario que recibían allí los enfermos, tomó conciencia de lo que Dios le pedía. Después de lograr salir del hospital, se puso a cuidar enfermos y a pedir limosnas para su atención. Al poco tiempo, se le unieron varios compañeros, el germen de lo que luego sería la Orden Hospitalaria de San Juan de Dios, que prolonga en el tiempo el amor a los enfermos y el desvelo por su cuidado. Esto fue lo que movió la vida de Juan Ciudad desde aquel encuentro con el Maestro Ávila.

¿Por qué te cuento esta historia de san Juan de Dios? Porque él se convirtió al recibir el signo que Dios le había enviado, la predicación de san Juan de Ávila. Habría escuchado antes en su vida muchos sermones, habría estado infinidad de veces en iglesias y ermitas, pero solo entonces se encendió una luz en su alma y no la apagó, sino que siguió el resplandor hasta dar con su fuente: Dios. Eso es la conversión: atender a la luz que Cristo pone en tu alma. Lo hace a través de signos que no esperas, personas, acontecimientos… Estate atento para no pasarlos por alto y no tengas miedo de tomar decisiones radicales, como hizo san Juan de Dios. Algunos pensarán que estás loco –ya le pasó al santo que nos ocupa–, otros que exageras, otros quizá con indiferencia digan: «si así es feliz…». Que solo te importe lo que piense Dios, su juicio es el único relevante.

2. Para que un signo sea eficaz es preciso que se den varias condiciones. En primer lugar, ha de poder ser percibido por aquel a quien se dirige. Si las señales para cruzar en los semáforos fueran únicamente luminosas no servirían de nada para las personas invidentes, por eso se acompañan de una señal acústica que les permita también a ellos recibir la información de cuándo es seguro cruzar. De modo similar sucede con los mensajes que Dios nos manda. Él ha seguido un método profundamente humano para darse a conocer, sus señales están hechas a la medida de quien los ha de recibir: cada uno de nosotros. Por eso, aunque estos signos son comunes para todos, hay en ellos también una cierta «personalización». La misma homilía, el mismo acontecimiento, las mismas imágenes no producen lo mismo en personas distintas, pues son diferentes sus circunstancias, sus historias, sus anhelos, sus penas y alegrías, etc. Dios, que sabe bien lo que necesitas y cuándo lo necesitas, pone en tu camino estos signos que te ayuden a encontrarle y a encontrar tu camino en la vida.

Pero no basta con percibir o caer en la cuenta del signo, hay que saber interpretarlo. De nada sirve ver una señal de tráfico si no se sabe qué es lo que significa o se ha confundido su alcance. Podrías estar circulando en sentido contrario tan tranquilo pensando que ese círculo rojo con una raya blanca, que acabas de rebasar, es solo una señal de ánimo para los que son de cierto equipo de fútbol. Si las señales de tráfico se interpretan con facilidad una vez estudiado el código de circulación, con los signos de Dios no siempre es tan fácil.

San Juan de Dios, en medio de su conmoción y perplejidad inicial, necesitó del sabio consejo de san Juan de Ávila para tranquilizarse y ver qué quería decir aquello que le estaba sucediendo. Sin esa ayuda, sin esa compañía, quizá se hubiera perdido, o quedado únicamente en el resplandor luminoso del inicio sin ser capaz de llegar hasta el sentido profundo de lo que Dios le pedía. Más tarde iría al obispo a contarle sus planes para atender enfermos y pedir indicaciones y permiso para hacerlo. Solos podemos equivocarnos con facilidad, los signos no siempre te resultarán claros, e incluso aunque te lo parezcan puedes estar cegado por el propio resplandor. Por eso, pide al Señor la humildad de san Juan de Dios, y consulta con un sacerdote o tu director espiritual para llegar al fondo de lo que Dios te quiere comunicar.

3. El evangelio nos habla hoy del signo de Jonás: *Esta generación es una generación perversa. Pide un signo, pero no se le dará más signo que el signo de Jonás* (*Lc* 11, 29). ¿Cuál es esta señal a la que se refiere el Señor y que parece ser la definitiva? Jonás estuvo en el vientre del cetáceo tres días, y cuando salió su predicación fue signo para la conversión de la ciudad de Nínive. Jesucristo pasó tres días en el sepulcro antes de resucitar y enviar a los suyos al confín de la tierra para anunciar el Evangelio. Esta es la figura de Jonás: la muerte y resurrección de Cristo de entre los muertos. Este es el signo definitivo que te llega por medio de la predicación de aquellos renacidos a una vida nueva por la resurrección de Jesús. Como Jonás que una vez salido del vientre del pez –que simboliza la muerte para los judíos– fue con su predicación signo para los ninivitas, los apóstoles de Jesús, sacados de la muerte por la victoria de Cristo, son signo definitivo para la humanidad. Y recuerda que tú eres de estos apóstoles. Cuando hablamos de esas señales de Dios, se nos olvida que nosotros estamos llamados a ser signo del amor de Cristo para los demás. El Señor ha pensado en ti de modo que seas para otros lo mismo que fue san Juan de Ávila para san Juan de Dios.

JUEVES I SEMANA DE CUARESMA

1. La reina y el león.
2. La oración y el ancla de salvación.
3. La garantía de no encerrarse en uno mismo.

1. Vuelven las lecturas de la misa a traer la oración como tema de nuestras consideraciones. Resulta evidente que no es un asunto que pueda eludirse en la vida cristiana, y menos aún en Cuaresma. «¿Santo, sin oración?... –No creo en esa santidad»[1]. Verdaderamente si quieres vivir con plenitud tu vida de hijo o de hija de Dios, si quieres luchar decididamente por la santidad, no puedes renunciar a la oración.

La primera lectura, del libro de Ester, nos presenta la súplica confiada de Ester a Dios en un momento desesperado. El ministro más poderoso del rey Asuero ha decretado el exterminio de los israelitas por envidia hacia Mardoqueo, un judío destacado que fue para ella como un padre. Ester, que ha llegado a ser reina en el imperio babilonio, no se refugia en su posición, sino que ha decidido dar la cara ante el rey e interceder por su pueblo.

---

[1] *Camino*, 107.

Sabe que arriesga su vida, y por eso le dice a Dios antes de presentarse ante Asuero –al que se compara con un león–: *Señor mío, rey nuestro, tú eres el único. Defiéndeme que estoy sola y no tengo más defensor que tú, porque yo misma me he puesto en peligro* (*Est* 4, 17l).

La súplica de Ester es conmovedora, se dirige a Dios con total confianza, reconociendo que solo Él puede auxiliarla, que no tiene otro que la defienda sino el Señor. Es un acto de esperanza total en Dios, poniendo toda su vida y la del pueblo en manos de aquel que puede variar el curso de los acontecimientos.

Haz tuyas las palabras de esta mujer extraordinaria y dile a Dios, especialmente si algo te aflige: «Señor mío, rey mío, tú eres el único. Defiéndeme que estoy solo y no tengo más defensor que tú».

2. Pero la oración, y en particular la de súplica, no es algo únicamente indicado para situaciones desesperadas, sino que constituye un elemento indispensable en nuestro trato cotidiano con Jesús. Más aún en este tiempo, pues «la oración de súplica llena de esperanza es el *leit motiv* de la Cuaresma y nos hace experimentar a Dios como única ancla de salvación»[2]. La plegaria confiada, el poner en sus manos nuestra vida y todo lo que llevamos en el alma, es el medio para reconocerle como el ancla de salvación. El ancla es lo que impide que un barco sea movido a merced del viento y las corrientes, haciendo que mantenga su posición cuando se encuentra fondeado. Así también, solo Dios nos aleja de los peligros y nos libra de las asechanzas del enemigo,

---

[2] Benedicto XVI, *Homilía* (06-02-2008).

otorgándonos la salvación. ¡Ojalá esté tu alma anclada en el Señor de la vida!

Porque hay otras anclas que no son de salvación. Tu alma puede estar anclada a otras cosas. A unas amistades que no te ayudan, sino más bien te impiden vivir con alegría. A unos vicios –pequeños o grandes– que te quitan libertad para lo verdaderamente amas. A unos deseos que te hacen gastar energías en lo que no aprovecha. Y así, otras tantas posibles amarras que no te ligan al plan de Dios, sino a cosas mundanas. En la oración encontrarás el camino adecuado para librarte de estas anclas pesadas que te impiden avanzar y, a la vez, el modo de tener tu alma fija en Dios, de manera que no pierdas el rumbo de tu vida.

Y no pierdas de vista que esta ancla, que es lo único que puede impedir el naufragio espiritual, tiene forma de cruz. Allí encontramos el modelo perfecto de la súplica confiada a Dios. Allí tienes el agarradero de tu esperanza para caminar cada jornada.

3. A veces, hay gente que llega a decir que la oración es un modo egoísta que tienen algunos de encerrarse en sí mismos, de buscar refugio en Dios para huir de los demás y de los problemas del mundo. Nada más lejos de la realidad. En la oración de súplica llevas ante Dios los deseos y aspiraciones de tu corazón, tus alegrías y tristezas, tus temores; lo haces para que pasen por la luz de la palabra de Dios, de manera que sean iluminados y purificados. Por eso huye en tu conversación con Dios de la autocomplacencia o de justificaciones inútiles, y ábrete a lo que llevas en tu corazón: Dios te quiere hablar. Entonces, tu oración dejará de ser un monólogo –como si fuera una cinta grabada, con peticiones o exigencias–, para convertirse en un diálogo de corazón a corazón que iluminará tu vida.

«Por eso, la oración es garantía de apertura a los demás. Quien se abre a Dios y a sus exigencias, al mismo tiempo se abre a los demás, a los hermanos que llaman a la puerta y piden escucha, atención, perdón, a veces corrección, pero siempre con caridad fraterna»[3]. Tu oración, si es verdadera, te llevará a no dar vueltas en torno a ti y a tus cosas, sino a mirar más por los demás y a interesarte por las suyas. La oración implica siempre esta dimensión de salir de uno mismo para abrirse a Dios y a los demás. También por eso, tienes en esto un buen indicador de cómo marcha tu vida interior. Una preocupación sincera y cordial por los demás, un deseo de servirles en pequeños detalles, un afán por anteponer sus gustos o su bienestar al tuyo, brota de una oración sincera. Tu oración, de manera silenciosa y oculta, moverá el mundo a tu alrededor, porque lo llenará de esperanza y lo abrirá a Dios a través de tu vida y de tus actos.

---

[3] *Ibídem*.

VIERNES I SEMANA DE CUARESMA

1. *Una ley nueva que apunta a una justicia más grande.*

2. *Porque va no a la superficie sino a la raíz.*

3. *Entrenar el corazón para que aprenda a desear bien.*

1. *Si vuestra justicia no es mayor que la de escribas y fariseos, no entraréis en el reino de los cielos* (Mt 5, 20). Empieza fuerte el evangelio de hoy. Estas palabras a oídos de hombres del tiempo de Jesús debían suponer un jarro de agua fría, qué digo, helada. Los fariseos y escribas eran los expertos en la ley de Dios, los que se afanaban en su cumplimiento más riguroso hasta la última coma del menor de sus preceptos. Si había que tener una justicia mayor, ¿quién podría alcanzarla?

Con la ley de Moisés es, desde luego, imposible; esa ley –permíteme la expresión– no da más de sí. Hace falta una nueva ley que lleve a una justicia mayor, y esa ley es la que trae Cristo. Pero eso no quiere decir que Jesús vaya a abolir la ley antigua, o que se oponga a ella, precisamente al comienzo de las palabras que hoy recoge la lectura dice: *no creáis que he venido a abolir la Ley y los Profetas: no he venido a abolir sino a dar plenitud* (Mt 5, 17).

Por eso, cuando dice: *Habéis oído que se dijo a los antiguos: «No matarás», y el que mate será reo de juicio. Pero yo os digo: todo el que se deja llevar por la cólera será procesado* (*Mt* 5, 21-22), no está dejando sin valor el antiguo precepto, sino que lo está llevando más lejos, le está dando pleno sentido y cumplimiento. Pues, como dice una obra anónima sobre el evangelio de Mateo de los primeros siglos del cristianismo: «El mandamiento de Cristo no es contrario a la ley, sino más amplio que la ley. El mandamiento de Cristo contiene la ley, pero la ley no contiene el mandamiento de Cristo. Por tanto, quien cumple los mandamientos de Cristo, implícitamente cumple la ley. Pues quien no se deja dominar por la ira, en menor medida comete un asesinato. Por contrario el que cumple el mandato de la ley no cumple el mandato de Cristo».

Si pensabas que la ley nueva de Jesús era menos exigente te equivocabas. Es una ley que apunta a una justicia mayor pues es camino de santidad. Con la ayuda del Señor guárdala para que tu justicia sea mayor que la de los fariseos y así puedas entrar en el reino de los cielos.

2. La ley nueva que te enseña Jesucristo lleva a una justicia mayor porque apunta no solo al delito, sino que se dirige principalmente a la raíz del pecado. No trata del acto, sino que va al corazón y a lo que hay en él. No te dice solo que no mates, y por extensión que no hagas daño a tu hermano, sino que te pide que no albergues odio en tu corazón y no te dejes dominar por la ira. Y es esto, el odio, la ira, la envidia, el orgullo, lo que está en la raíz de toda ofensa a Dios y de todo el mal que hacemos a los demás e, incluso, a nosotros mismos.

Jesús te dice, por tanto, que eleves el nivel de tu lucha en lo que se refiere a la ley. El campo de batalla son tus sentimientos, tus deseos, lo que hay en lo más profundo de tu ser. El Señor te pide que busques desterrar de ti todo eso que está en el origen de las malas obras. Porque todo acto contra Dios o los hombres se halla precedido siempre de un mal deseo del corazón. Te preguntas quizá: ¿cómo puedo hacer eso? Si ya es difícil luchar contra nuestros pecados, ¿cómo luchar contra los malos deseos y sentimientos del corazón?

Te ofrezco dos pistas, dos líneas de batalla complementarias. Lo primero: no olvides que es mucho más atractivo el bien que el mal, la luz que la oscuridad, Jesús que el enemigo; solo tenemos que descubrirlo. Si tu corazón descubre la verdad detrás de cada cosa, si percibe la luz de Jesús, se irá detrás de ella con mayor fuerza que de cualquier otra cosa. Por eso, la primera línea de batalla es hacer que tu corazón pueda reconocer la belleza y el atractivo de Cristo, el amor de su corazón. Él es quien con su vida, sus actos, sus palabras, nos abre su intimidad para que aprendamos lo que es un corazón sincero, leal, lleno de amor verdadero. Pon en la oración tu corazón al lado del de Cristo para que se te pueda «pegar» de Él lo que hay en su interior.

3. Pero no olvides que tu corazón, creado para Dios, para buscarle, reconocerle y amarle, y en esto encontrar su descanso y felicidad, está –permíteme que lo diga así– averiado. Es como una brújula que marca el norte, pero que sufre el efecto de un imán haciendo que pierda su dirección. Tu corazón creado para apuntar siempre a Dios sufre los efectos del pecado original, que es como ese poderoso imán que desnorta la brújula. Por eso se equivoca con frecuencia y se apega a cosas que no son Dios y no conducen a Él. Y también por eso le cuesta asentir a la luz y al atractivo de Jesús, dejándose llevar más bien por las seducciones del enemigo que, aunque falsas, se presentan de tal modo que engañan a ese corazón confundido.

Pero además de buscar el corazón de Jesús para tener en el tuyo sus mismos sentimientos y deseos, si quieres hacer como te dice Cristo en el evangelio, debes también plantar batalla a estos ardides de tu enemigo y a la falta de orientación que te ocasiona. Para corregir ese desvío, fruto del pecado, para embridar esos malos deseos, la oración tiene que ir acompañada de ayuno, de mortificación –como quieras llamarlo– que es tu lucha por hacer morir en ti el pecado, el hombre viejo que va detrás de las mañas del enemigo. El corazón es como cualquier otro músculo, si no hace un ejercicio adecuado, se atrofia; si no sigue un buen entrenamiento, se debilita. La mortificación es ese entrenamiento del corazón para que aprenda a apartarse de lo que no conduce a Dios y amar a los hermanos. ¡Ojalá que la practiques siempre, pero especialmente con más intensidad en este tiempo de Cuaresma!

SÁBADO I SEMANA DE CUARESMA

1. ¿Nos hemos vuelto locos?, ¿amar a los enemigos?
2. La fuente de muchas de tus tristezas.
3. Muy bien, pero, ¿cómo aprendo a amar a los enemigos?

1. Hace unos años –veinte o quizá más– se hicieron famosos los gritos de un entrenador de fútbol argentino que se desgañitaba contra los médicos y asistentes de su equipo porque estaban atendiendo a un jugador del equipo contrario. Les increpaba diciendo: «¡Písalo, písalo! Al rival hay que pisarlo. ¿Qué camiseta lleva? Los nuestros son los blancos. ¡Písalo!». Aunque no se atrevan a decirlo, muchos piensan y viven así: al rival, al que compite conmigo por algo, ni agua. Y si así es con el rival, ¿qué pensaría este entrenador de la llamada de Jesús a amar, no ya a los rivales, sino a los enemigos? Más aún, quizá no haya que ir a preguntar a un hombre así en un momento tan exaltado, basta que te lo preguntes tú mismo, o que lo hicieras en el círculo de personas con las que tratas frecuentemente. ¿Amar a los enemigos?, ¿nos hemos vuelto locos?

Pues parece que sí, es la locura del evangelio. A todos nos parece muy razonable el mandamiento antiguo:

amar al prójimo y aborrecer al enemigo. Pues el Señor te dice: *Amad a vuestros enemigos y rezad por los que os persiguen* (*Mt*, 5, 44). Es un mandato ante el que con frecuencia se rebela nuestro interior. ¿Por qué esta consideración con los malos, con los que hacen daño y, en definitiva, ofenden a Dios? ¿Cuál es la razón para este mandamiento que se antoja tan difícil de practicar y más aún de entender?

Un autor desconocido que comentó el evangelio de Mateo hace muchos siglos nos puede ayudar en este punto: «Cristo mandó aquellas cosas no solo por nuestros enemigos, sino también por nosotros. No porque ellos sean dignos de ser amados, sino porque no somos dignos de odiar a nadie. (…) Cristo no solo manda amar a los enemigos para que los amemos, sino también para que nosotros rechacemos lo que es malo». Piénsalo. Este mandamiento no beneficia solo a los malvados, te beneficia sobre todo a ti, pues busca apartar el odio de tu corazón.

2. Considera un momento a quién daña el rencor o el desprecio de tu corazón. ¿Acaso hiere a quien se dirige? No perjudicas a quien odias o guardas rencor, por más que puedas llegar a hacerlo movido por esas pasiones, pero mientras se mantengan en tu interior a ellos no les causas daño. En cambio, te lo causas a ti. El odio, el rencor, el resentimiento, son auténticos venenos que amargan el alma y que nos inoculamos nosotros mismos.

A veces te encuentras triste, o desengañado, o te das cuenta de que estás de un pésimo humor, a la que salta, sin paciencia alguna, y no sabes por qué, no ves causa aparente. Piensa si no guardas en tu alma algún rencor, algún odio o desprecio hacia alguien. Suelen ser causa de esas cosas. Aunque sea con todo merecimiento por un mal que te han hecho, si guardas ese resquemor en tu corazón acabará saliendo de alguna de las maneras que te he mencionado. Y si has dejado salir, en forma de crítica o difamación –¡cuánto más si fuera una calumnia!– ese resentimiento, ten por seguro que el efecto se multiplica por cien. La murmuración y la crítica amplifican lo que la aversión del corazón hace en el ánimo.

No pienses, como me decía aquella mujer: «Padre, ya sé que criticar está mal, pero con las amigas, ¡une tanto!». No es verdad. La crítica solo da apariencia de unidad al fijar una diana a la que apuntar y dirigir el desprecio que llevamos en nuestro interior. Pero en realidad divide, separa, y siembra cizaña en nuestro interior. Alimenta el resentimiento y llegará la tristeza. Por eso, lucha con decisión contra este vicio que es fuente de tus desánimos, al menos de buena parte de ellos.

3. Llegados a este punto, en el mejor de los casos, estás algo más convencido de lo muy saludable que es para ti este precepto de amar a los enemigos y de perdonarlos. Como dice ese autor anónimo que cité anteriormente: «si perdonaste a un enemigo, más te has perdonado a ti que a él. Y si le haces un beneficio, tú te beneficias más que él». Porque al perdonarle te perdonas a ti el llevar la pesada carga del rencor. Pero entender este mandato y querer vivirlo no le resta un ápice de dificultad. ¿Cómo luchar contra esos sentimientos de odio? ¿Cómo vencer el deseo de venganza? ¿Cómo apartar los pensamientos que una y otra vez llevan a dar vueltas sobre las ofensas recibidas?

El mejor maestro para aprender a vivir este precepto y a vencer tales cosas es el mismo Cristo, y su lección magistral la encuentras en la cruz. Él sí tenía motivos para juzgar con dureza a los que le habían llevado al suplicio, y sin embargo atiende a sus palabras pronunciadas desde el madero: *Padre, perdónalos, porque no saben lo que hacen* (*Lc* 23, 34). Jesús los disculpa y reza por los que le han crucificado y le increpan. Ahí tienes el camino para aprender a vivir este mandamiento. Primero, disculpar, quitar hierro. En lugar de dar vueltas y vueltas sobre si te han hecho esto o aquello, disculpa de algún modo. Aunque sea diciéndote que no se habrán dado cuenta, o que la tentación habrá sido muy fuerte. Y junto a esto, cada vez que te asalte un mal pensamiento o un juicio contra una persona que te hizo daño, reza por ella como Cristo desde la cruz rezó por sus verdugos intercediendo ante el Padre por ellos. Encomiéndales con un Avemaría, o un Acordaos. Así, lo que era ocasión de mal para tu alma y una tentación del enemigo para ver si podía introducir en tu corazón el rencor, lo tornas en hacer un bien, una obra de misericordia por quien te ofendió. Ten por seguro que de ese modo neutralizarás el veneno del rencor en tu alma, y al enemigo le darás con la puerta en las narices cuando ya se las prometía muy dichoso.

DOMINGO II DE CUARESMA CICLO A

1. Jesús es verdadero Dios y verdadero hombre.

2. Para «ver" a Dios hay que subir a la montaña.

*3. Pero, para vivir lo que allí se nos revela,
también hay que bajarla.*

1. El domingo pasado leímos el evangelio de las tentaciones de Jesús en el desierto. Se presentaba así ante nuestros ojos la humanidad de Cristo que, por la encarnación, ha compartido con nosotros toda nuestra existencia, incluida la tentación y la debilidad. Jesús es verdaderamente hombre, no un superhombre, hecho de otra pasta, sino alguien como tú y como yo, de una carne como la nuestra, igual en todo menos en el pecado. Y este domingo la misa nos ofrece el relato de la Transfiguración, en el que Jesús se revela como verdadero Dios. Jesús toma a Pedro, Santiago y Juan y se los lleva a lo alto de un monte (cfr. *Mt* 17, 1). Allí se *transfiguró delante de ellos, y su rostro resplandecía como el sol, y sus vestidos se volvieron blancos como la luz* (*Mt* 17, 2). No tiene lugar un cambio en Jesús, como si se transformara en algo diferente; lo que sucede es distinto. Jesús revela su divinidad, escondida habitualmente detrás de su humanidad. Él es «luz de luz, Dios verdadero de Dios verdadero» (Credo de Nicea-Constantinopla). Y se ha hecho hombre como nosotros para compartir su divinidad.

De este modo el evangelio de hoy y el del domingo pasado forman un díptico que te muestra quién es Jesús. Ambas páginas se complementan y resultan inseparables para conocer a Cristo. Tu fe en Jesús pasa por creer en Él como verdadero Dios y verdadero hombre. Esta confesión está en el fundamento de nuestra fe, y «la Iglesia debió defender y aclarar esta verdad de fe durante los primeros siglos frente a unas herejías que la falseaban»[1]. Muchos sufrieron persecución y libraron mil batallas para que la doctrina verdadera pudiera preservarse y llegar hasta ti. ¿La custodias y defiendes en ti con sumo cuidado para que no pueda confundirse ni diluirse en formas no cristianas de formularla o interpretarla? Es un legado precioso del que brota una vida nueva, no dejes que se eche a perder en ti.

2. *Jesús tomó consigo a Pedro, a Santiago y a su hermano Juan, y subió con ellos aparte a un monte alto* (*Mt* 17, 1). El monte, la cumbre elevada del Sinaí y ahora del Tabor, es en la Biblia el lugar de la cercanía con Dios. La Transfiguración tiene lugar en un ámbito de oración, en ese lugar apartado y elevado al que se van los tres discípulos guiados por el Señor. Es en ese espacio elevado, no solo físicamente, sino respecto de

---

[1] *Catecismo de La Iglesia Católica*, 464.

la vida cotidiana, en el que Cristo revela su divinidad. Es en la oración donde Él se te da a conocer en lo íntimo de su ser.

Por eso, si deseas que tu fe en la divinidad de Cristo se afiance, has de subir esta montaña que es la oración. Elevarte en esos ratos sobre tu existencia diaria, apartándote de cuanto te distrae, para poner los sentidos solo en Dios y en su palabra. Como a los tres discípulos, solo Jesús te puede guiar en la subida al monte, solo Él puede conducirte en tu oración. Busca esos momentos de paz, alejándote de todo ruido exterior e interior para sumergirte en Dios de modo que Él pueda revelarte su gloria. Entonces podrás escuchar y entender sus palabras, pues –como dice san Máximo el Confesor– «los vestidos que se habían vuelto blancos son el símbolo de las palabras de la Sagrada Escritura, que se volvían claras, transparentes y luminosas»[2]. Y qué bien se está con Jesús cuando Él nos explica su palabra y la hace clara e iluminadora para la vida. Esa, que fue la experiencia de Pedro y los otros dos, será también la tuya si perseveras en esas excursiones montañeras con el Señor.

3. Pero la montaña no es solo subir. Como nos dice el papa Francisco, son precisos dos movimientos complementarios: «subida y descenso. Nosotros necesitamos ir a un lugar apartado, subir a la montaña en un espacio de silencio, para encontrarnos a nosotros mismos y percibir mejor la voz del Señor. Esto hacemos en la oración. Pero no podemos permanecer

---

[2] SAN MÁXIMO EL CONFESOR, *Ambiguum*, 10.

allí. El encuentro con Dios en la oración nos impulsa nuevamente a "bajar de la montaña" y volver a la parte baja, a la llanura, donde encontramos a tantos hermanos afligidos por fatigas, enfermedades, injusticias, ignorancias, pobreza material y espiritual. A estos hermanos nuestros que atraviesan dificultades, estamos llamados a llevar los frutos de la experiencia que hemos tenido con Dios, compartiendo la gracia recibida»[3].

Si en tu vida cristiana esos momentos de intimidad con Cristo para escucharle y entender su palabra, de manera que te ofrezca una luz para tu vida, son esenciales, ten por seguro que solo darán fruto verdadero si se traducen en actos concretos en tu vida cotidiana. La subida al monte no se completa hasta que finaliza el descenso. Y llegado el momento, puedes tener la tentación de no querer bajar. Porque cuando descubrimos la intimidad de Cristo en la oración, estamos tan bien con Él que descender y vivir lo que Dios nos ha comunicado puede parecernos una complicación para la existencia diaria. Debes vencer la tentación de reducir tu vida cristiana a esos encuentros esporádicos en la cumbre, es la tentación del espiritualismo.

En la Cuaresma no solo tienes que luchar el combate de la oración, que es subida al monte elevado, sino que también has de descender y llevar lo contemplado en lo alto a los demás. Para terminar, una última indicación del papa Francisco: «Y ahora dirijámonos a nuestra Madre María, y encomendémonos

---

[3] Papa Francisco, Ángelus (16-3-2014). Y lo que sigue.

a su guía para continuar con fe y generosidad este itinerario de la Cuaresma, aprendiendo un poco más a "subir" con la oración y escuchar a Jesús y a "bajar" con la caridad fraterna, anunciando a Jesús».

DOMINGO II DE CUARESMA CICLO B

1. Tenemos la certeza de que Jesús está con nosotros, cuando vamos a hablar con Él: el mismo que caminó y conversó con los apóstoles.

2. «¡Qué bien se está aquí!». Experiencias de la presencia de Jesús en la oración.

3. Gustar ya en la tierra un poquito de la gloria de Dios. Impulso para seguir adelante.

1. Conviene que, al comienzo de tu rato de oración, trates de ponerte en presencia de Dios. Existe una oración que muchas personas recitan para alcanzar esa certeza de estar en compañía de Dios, y que tú puedes rezar también cuantas veces quieras hasta que consigas aquietar tu corazón y lograr la paz que te permita hablar de tú a Tú con Dios. Aquí la tienes: «Señor mío, creo firmemente que estás aquí, que me ves y que me oyes, te adoro con profunda reverencia, te pido perdón de mis pecados y gracia para hacer con fruto este rato de oración».

«Creo firmemente que estás aquí»: exactamente igual que estuviste con tus apóstoles. Un día, en esas conversaciones que tenían contigo, les avisaste de algo fundamental: que ibas a morir en la cruz. Esa noticia cayó como un mazazo sobre el estado anímico de los doce. Habían entregado sus vidas a una persona de la que esperaban mucho; y ahora les revelas que vas a morir bajo mandato de las autoridades judías. Muy a menudo, también a nosotros nos llegan noticias que nos entristecen . La mayoría de las veces son cosas poco importantes, pero en otras ocasiones se trata de problemas de verdad: problemas de afecto, por un fracaso en el noviazgo o en el proyecto de vida; cuestiones familiares, porque mis padres no están bien o un hijo no responde adecuadamente...; o incluso el terrible e inevitable enigma de la muerte.

Jesús es buen amigo de aquellos que se dejan ayudar. Los apóstoles, tristes por la noticia, harían saber a Jesús su decepción. Le dirían: «estamos tristes, no esperábamos esto de ti». El Maestro percibía sus caras largas y bien sabía cómo se esforzaban por sonreír a los extraños y no mostrarse entristecidos. Seguramente se conmovería. El Señor sabe perfectamente cómo está ahora nuestra alma. Si estamos tristes o no, si alguna cosa –por pequeña que sea– nos está haciendo perder la esperanza, o si no hemos sido capaces de aceptar alguna desgracia grande en nuestra vida. Lo sabe todo. Y, sin embargo, espera que se lo cuentes. Es bueno... te escuchará.

2. Seis días después del anuncio de su propia muerte, Jesús decide dar un consuelo a sus discípulos. Lo hace llamando a los más significativos, y llevándoselos. aparte. Sabe que, si Pedro, Santiago y Juan están bien, el resto estarán también contentos. Fue entonces cuando subió al monte con los tres y se transfiguró delante de ellos. Eso significa que, por primera vez, les mostró toda su gloria. El Señor había dado ya a los doce muestras de su divinidad: en el modo de hablar, en las parábolas y la predicación; en los milagros y otras acciones portentosas... pero ahora les da un signo definitivo. Es como si, por un momento, Jesús hubiera dejado traslucir su divinidad haciendo perceptible toda su gloria, aquella que «ni ojo vio ni oído oyó»; aquella de la que habla san Pablo al decir que nadie puede conocer lo que Dios tiene preparado para los que le aman. Para Pedro, Santiago y Juan aquello debió de parecerles un pedacito de cielo. La reacción de Pedro, siempre dispuesto a hablar, no se hizo esperar: «¡qué bien se está aquí!» ¡Qué bien se está con Jesús en la oración, cuando uno es capaz de sincerarse! ¿Quién no ha tenido experiencias de pedacitos de cielo?: un día que estabas tan contento rezando, o aquel otro que realmente pudiste hablar a Jesús al recibirle en la comunión; esa ocasión en la que, viajando en autobús, te metiste de lleno en las cosas de Dios...

La relación con Jesús a veces es difícil, como cuando anunció la pasión a los doce; pero también es verdad que el Señor nos hace muchos regalos. Se está muy bien con Él. A nosotros nos toca, en la oración de cada día, disponernos con toda la atención que nos sea posible, con esa plegaria introductoria de la que te hablaba al principio, huyendo de las distracciones... y disponernos así a lo que Jesús quiera: anunciarnos su pasión, como en Cesarea de Filipo, o mostrarnos su gloria, como en el Tabor. Tú mandas, Dios mío, y yo deseo dejarte hacer lo que quieras.

3. Los tres apóstoles, al contemplar la gloria de Dios, recibieron fuerza más que suficiente para superar la tristeza y hacer frente a muchas dificultades antes de la crisis final, cuando apareció la cruz y todos, salvo Juan, huyeron. Nosotros mismos lo hemos pedido hoy al comienzo de la Misa: «Señor, Padre Santo, que nos mandaste escuchar a tu amado Hijo, alimenta nuestra fe con tu palabra, y purifica los ojos de nuestro espíritu, para que podamos alegrarnos con la contemplación de tu gloria».

San Pedro no olvidó jamás la Transfiguración de Jesús. Recordarlo seguramente le alegraría y le ayudaría a seguir luchando por Cristo hasta el final. Muchos años más tarde lo contaba así a los primeros cristianos: ... cuando desde aquella extraordinaria gloria se le hizo llegar esta voz: este es mi Hijo querido, en quien me complazco. Esta voz, enviada del cielo, la oímos nosotros estando con Él en el monte santo (cfr. *2 P* 1, 17-18). Aprendamos del príncipe de los apóstoles. No olvidemos los momentos en que nos hemos sentido especialmente próximos a Dios: un rato de oración, una convivencia, aquella confesión, un rato de dirección espiritual, una Jornada Mundial de la Juventud... Tenerlos presentes, recordarlos cada tanto, nos acompañará en la lucha.

Y, por otra parte, si al pensar en esos momentos consideras que eso es solo un poquito de la gloria de Dios... ¿qué será el Cielo? Por eso, «a la hora de la tentación piensa en el Amor que en el cielo te aguarda: fomenta la virtud de la esperanza, que no es falta de generosidad»[1].

Cuando pienses cómo de generoso puedes ser con el Señor, acuérdate del Amor que te aguarda si eres fiel. Cuando consideres si acaso puedes hacer algo más por

---

[1] San Josemaría Escrivá, *Camino*, 139.

los demás, no te olvides de lo «bien que estabas» cerca de Dios, como los discípulos en el Tabor. Piénsalo ahora, si quieres. Entonces, serás generoso de verdad, porque verás claro lo amoroso que es el rostro de Dios, y será eso –solo eso– lo que te moverá.

DOMINGO II DE CUARESMA CICLO C

1. *Como abrazar una cruz que resulta demasiado pesada.*

2. *Sacudirnos del sopor que nos aturde.*

3. *Jesús solo.*

1. «Esta cruz es demasiado pesada para mí». Con palabras de lamento y lágrimas en los ojos clamaba al cielo la oración de la madre. Lloraba; sí, lloraba porque al día siguiente iba a ser imposible felicitar a su hijo la fiesta de cumpleaños. Desde hacía ocho meses el mayor de sus cinco hijos habitaba en una cárcel de máxima seguridad a cientos de kilómetros. Tenía restringidas las llamadas y una orden de alejamiento hacía imposible cualquier visita. Las continuas palizas a su madre habían sido causa suficiente para que el juez dictara esa orden. Pero todo eso no le importaba a la madre. Sabía que Diego no era responsable de todo aquello, o al menos ella lo imaginaba así. Es drogadicto y alcohólico; pierde la razón y hace lo que no quiere. Así le disculpaba Maruja mientras se lamentaba a lágrima viva delante del Sagrario en alta voz.

Si alguno quiere venir en pos de mí, niéguese a sí mismo, tome su cruz cada día y sígame (*Lc* 9, 23). Tomar la cruz, a veces tremendamente dolorosa, es un acto voluntario, es algo que uno debe desear querer. La cruz debe ser elegida, aunque a veces entre sin llamar siquiera a la puerta. Rafa pasó más de diez años luchando contra la esclerosis lateral conocida como ELA. Poco a poco se paralizan los miembros: primero una mano, luego las piernas, más tarde es necesaria una sonda para alimentarse… y finalmente son los pulmones los que dejan de funcionar. Él aceptó la cruz, vivió feliz en medio de sus sufrimientos, y fue capaz de sembrar esperanza en sus muchos amigos de infancia y juventud, y en todos aquellos que tuvieron el placer de conocerle en la postración de su enfermedad.

¿Qué es lo que hace que podamos abrazar nuestra cruz con entereza y entregarnos totalmente? Nuestra voluntad sola es incapaz; solo iluminada por la gracia e inspirada por el Espíritu Santo puede hacer posible que nos convirtamos en verdaderos discípulos. Para seguir a Jesús es indispensable saber, como lo sabían Maruja y Rafa, que no podemos… para, a continuación, pedir, ¡pedir mucho! para abrazar con la ayuda de la gracia el camino trazado para cada uno de nosotros. En ello nos jugamos nuestra felicidad. Mientras no entregamos alguna parcela de nuestra vida, el frío de la tristeza y el desaliento se cuela por las rendijas de nuestra alma con el riesgo de congelar nuestros mejores propósitos.

En medio de esta Cuaresma, me pregunto y te pregunto… ¿Qué rasgos de tu vida no funcionan y cuándo llegará el momento de pedir la ayuda a Dios para dejar de intentar superarlos con tus propias fuerzas?

2. En el segundo domingo de Cuaresma toda la liturgia gira en torno al magno acontecimiento de la Transfiguración. Este año leemos el evangelio de san Lucas, donde esta manifestación viene inmediatamente precedida por la invitación del maestro a seguirle portando nuestra cruz y negándonos a nosotros mismos.

El rostro de Jesús cambia en la cima del Tabor y sus vestidos se vuelven resplandecientes. Junto a Él, Moisés y Elías, símbolos de la ley y de los profetas. Mientras, los tres discípulos se sienten dominados por el sueño. «Es la actitud de quien, aun siendo espectador de los prodigios divinos, no comprende», explica Benedicto XVI. «Solo la lucha contra el sopor que los asalta permite a Pedro, Santiago y Juan "ver" la gloria de Jesús»[1]. También nosotros debemos sacudirnos durante este tiempo de Cuaresma –y siempre– el sopor que nos impide reconocer los signos de Dios. El exceso de actividad de nuestros días y la falta de sosiego pueden motivar que la liturgia resulte pesada, los días monótonos y el amor caduco. ¡Basta de andar siempre tan dispersos! Busquemos el modo concreto de estar despiertos en la presencia de Dios que nos guía y acompaña en cada momento. ¡Recurramos frecuentemente a Él!

«Entonces el ritmo se acelera: mientras Moisés y Elías se separan del Maestro, Pedro habla, y mientras está hablando, una nube lo cubre a él y a los otros discípulos con su sombra; es una nube, que, mientras cubre, revela la gloria de Dios, como sucedió para el pueblo que peregrinaba en el desierto. Los ojos ya no pueden ver, pero los oídos pueden oír la voz que sale de la nube: "Este es mi Hijo, el elegido; escuchadlo"».

---

[1] BENEDICTO XVI, *Ángelus* (28-II-2010). También las citas que siguen.

Agudicemos el oído nosotros también para oír la palabra de Dios. Su voz no calla; su misericordia siempre está presente. Para ello será necesario que valoremos de modo nuevo el silencio, y tratemos que esa ausencia de ruido sea una presencia real en nuestro día.

3. «Los discípulos ya no están frente a un rostro transfigurado, ni ante un vestido blanco, ni ante una nube que revela la presencia divina. Ante sus ojos está Jesús solo (cfr. *Lc* 9, 36). Jesús está solo ante su Padre, mientras reza, pero, al mismo tiempo, Jesús solo es todo lo que se les da a los discípulos y a la Iglesia de todos los tiempos: es lo que debe bastar en el camino». ¿Solo Jesús? ¡Sí!, solo Cristo basta y sobra para el camino de la vida y para abrazar amorosamente la cruz de cada día. Cuando vivamos esta verdad gozaremos del gusto que experimentó san Pedro y que le movió a exclamar, conmovido, lo bien que se estaba allí (cfr., *Lc* 9, 33). ¿Quién no reconoce en las palabras del apóstol la concreción de sus deseos con respecto a los consuelos de Dios? El Señor siembra, en nuestro día, muchas semillas de alegría.

Sin embargo, el evangelio no acaba aquí. Aún restan muchos capítulos hasta llegar a la última letra del texto de san Lucas. Esta simiente de paz es luz para el cristiano que nos alienta en nuestra vocación «para que Jesús solo sea nuestra ley y su Palabra sea el criterio de nuestra existencia».

LUNES II SEMANA DE CUARESMA

*1. No tener medidas distintas para los demás
y para nosotros.*

2. Avergonzarse de lo que hacemos mal no viene nada mal.

3. Distinguir el pecado del pecador.

1. Recuerdo un episodio divertido que me sucedió con un buen amigo. Al poco de terminar la carrera me contó un día lo injusto que había sido un proceso de selección al que se había presentado y que terminó con el hijo de uno de los directivos de la empresa ocupando el puesto. Clamó cuanto quiso contra los enchufes, el sistema de selección, la familia del seleccionado, etc. No mucho después, empezó a trabajar para la empresa en la que su padre era directivo. No sin algo de malicia, le recordé el episodio anterior. Algo sonrojado comenzó a desdecirse y casi entre risas, terminó por reconocer el «empujoncito» sin el que quizá no lo habría logrado. El enchufe ya no era tan malo, porque era el propio. Refleja esta anécdota un modo muy humano de proceder, aunque no por ello sea bueno. Un modo de actuar que es reprobado en el evangelio de hoy: juzgar duramente a los demás y con indulgencia a nosotros mismos.

El evangelio nos pone en guardia contra el juicio severo a los demás, y nos señala que la medida que usemos será usada con nosotros (cfr. *Lc* 6, 38). Por eso cuidado con mirar a los demás con exceso de crítica y de juicio, porque entonces la amenaza expresada en el pasaje de hoy pesará sobre nosotros.

Piensa si no te sucede en ocasiones esto que venimos comentando. Y ten en cuenta que la raíz de este defecto que supone mirar a los demás con severidad está, en no pocas ocasiones, en que no queremos mirar nuestras propias faltas. ¡Cuánto nos ayuda el examen de nuestra vida y de nuestra conciencia para conocernos! Si en lugar de tanta crítica a los demás, practicas un poco de esta autocrítica constructiva que es reconocer tus malos actos y defectos, te conocerás mejor y serás menos duro con los otros.

2. Para ser misericordiosos como Dios es misericordioso –tal como manda el Señor– (cfr. *Lc* 6, 36) nos dice el papa Francisco que, precisamente, «el primer paso es reconocer que hemos hecho muchas cosas no buenas: ¡somos pecadores! Es necesario saber decir: "Señor, me avergüenzo de esto que hice en mi vida"»[1]. El camino para tener un corazón misericordioso como el del Padre es reconocerte pecador, necesitado del perdón de Dios. Sobre esta actitud de contrición encuentras en la primera lectura de la misa de hoy un bello testimonio cuando el profeta Daniel dice: *Ay, mi Señor, Dios grande y terrible, que guarda la alianza y es leal con los que lo aman y cumplen sus mandatos. Hemos pecado, nos he-*

---

[1] Papa Francisco, *Ángelus* (17-3-2014). Y lo que sigue.

*mos rebelado apartándonos de tus mandatos y preceptos.
(...) Señor, nos abruma la vergüenza: a nuestros reyes,
príncipes y padres, porque hemos pecado contra ti (Dn 9,
4b-5.8).*

Para que este reconocimiento tuyo de que eres pecador sea auténtico y eficaz para moverte a recibir la misericordia divina y a practicarla en tu vida, has de superar
dos dificultades que, a buen seguro, te asaltarán en algún momento. En primer lugar, no caer en la tentación
de excusarte y trasladar la culpa a otro. Fíjate que es el
mal ejemplo que nos dio ya Adán después del pecado,
cuando Dios le pregunta si ha comido del árbol prohi-
bido: *La mujer que me diste como compañera me ofreció
del fruto y comí (Gn 3, 12).* Y acto seguido, cuando Dios
se dirige a ella, la mujer traslada la responsabilidad a
la serpiente huyendo también de su culpa: *La serpiente
me sedujo y comí (Gn 3, 13).* No dejes que las excusas y
el cargar la culpa a otros esterilicen el comienzo de tu
arrepentimiento. Esa vergüenza que menciona Daniel,
esa culpa, no son malas, son el estreno de tu vuelta a
Dios. Aunque amargas, apúralas cuando te lleguen.

En segundo lugar, has de vencer a la tentación de
quedarte en un reconocimiento genérico, superficial,
que no te haga llegar verdaderamente a tus pecados. Si
nos quedamos en «me arrepiento de todo lo malo que
haya hecho» y, todavía más, si esto va acompañado de
una cierta conciencia de que tampoco es para tanto pues
«ni robo, ni mato...», entonces no llegarás a esa auténtica contrición que mueva el corazón. Concreta tus pecados, ten el coraje de pedir a Dios luces para investigar
en tu conciencia y destapar sus rincones más oscuros.
No temas. No descubrirás nada que Dios no sepa ya,
Él ni se asusta ni se escandaliza. No te estremezcas tú

tampoco, ni te escandalices. Estarás entonces en el buen camino para mejorar.

3. ¿Cómo me ayuda reconocer y avergonzarme de mis pecados a ser misericordioso con los demás? El papa te lo explica con sencillez: «al reconocerse pecadores, no se mira a lo que hicieron los demás. Y la pregunta de fondo es esta: "¿Quién soy yo para juzgar esto? ¿Quién soy yo para criticar sobre esto? ¿Quién soy yo, que hice las mismas cosas o peores?"». Si aceptas que eres un miserable la miseria de los demás no te llevará a escándalo, sino a comprensión. No significa que no veas lo que está mal, o que lo que es pecado lo justifiques, sino que no condenarás a quien ha caído.

Fíjate en el proceder de Dios. Él distingue siempre entre el pecado y el pecador. Frente al pecado no hace ninguna concesión, y lo combate hasta erradicarlo empeñando para ello la vida de su Hijo. Con el pecador es misericordioso, busca siempre salvarlo. Por los pecadores mandó a su Hijo, para que tuvieran vida. Si Dios ha obrado así, condenando el pecado y buscando salvar al pecador, ¿no has de hacer tú lo mismo que eres tan pecador como cualquiera?

MARTES II SEMANA DE CUARESMA

1. El Capitán Araña.

2. No caigas en el postureo espiritual que parecen practicar los fariseos.

3. Un apóstol ni puede ser Capitán Araña ni puede practicar el postureo.

1. Un dicho, cuya existencia se remonta al siglo XVIII, de alguien que abandona en el último segundo un proyecto tras recabar el apoyo de otros, lo tachaba irónicamente de ser como el Capitán Araña, «que embarcaba a la gente y se quedaba en tierra». Parece ser que el refrán se refiere a un marinero vasco llamado Arana, o más probablemente a uno de origen portugués de apellido Aranha –que se pronuncia araña–, que se ganaba la vida animando a otros a embarcar camino de América, por lo que cobraba comisión, pero él nunca hacía el viaje.

Los fariseos debían ser un poco como aquel capitán: huían de hacer aquello que mandaban a los demás. Según les reprocha Jesús: *dicen, pero no hacen. Lían fardos pesados y se los cargan a la gente en los hombros, pero ellos no están dispuestos a mover un dedo para empujar* (*Mt* 23, 3-4). Aunque lo que mandaban no era incorrecto, pues Jesús dice a la gente: *haced y cumplid todo lo que os digan; pero no hagáis lo que ellos hacen* (*Mt* 23, 3), no son un ejemplo para seguir.

El ejemplo es Jesucristo que va por delante anticipando Él con su vida lo que nos pide después a nosotros. Jesús no es un capitán araña, que nos embarca en algo que Él no está dispuesto a hacer. Al contrario, el Señor te enseña y exhorta primeramente con su ejemplo. Si te pide que ames a los enemigos es porque primero te lo ha enseñado amando y perdonando a quienes le persiguen y a la postre le condenan. Si te pide que ames a Dios sobre todas las cosas y al prójimo como a ti mismo es porque Él ha seguido esta máxima como orientación de su vida en la tierra. Si pide generosidad en la entrega es porque Él se ha dado sin medida en la cruz. Jesús es el mejor capitán, porque, cuando te manda, Él va por delante cumpliendo lo que te pide y allanándote el camino con su ejemplo.

2. Jesús, que ve en el interior de las conciencias, nos ofrece un juicio sobre la intención de los fariseos en su modo de actuar. Tú y yo, que no vemos en el corazón de los hombres, hemos de abstenernos siempre de estos juicios. Pero Él, que es Dios –y el juicio es suyo–, quiere para nuestro provecho descubrir dónde está la malicia de los fariseos y así advertirnos del peligro que representa también para nosotros. *Todo lo que hacen* –dice Jesús– *es para que los vea la gente* (*Mt* 23, 5).

Ellos, los fariseos de que habla el Señor, cumplen externamente preceptos y leyes, pero su corazón está lejos de lo que hacen. No buscan a Dios con sus prácticas y enseñanzas, sino que se buscan a ellos mismos reclamando para sí honores y consideración de los demás.

Hacen las cosas para quedar bien a ojos de los hombres. Digamos, con lenguaje de hoy, que no hacen otra cosa que postureo. Si hubieran tenido móviles no habrían parado de subir *selfies* a las redes sociales con ellos orando, ayunando, dando limosna...

Piensa si en tu vida cristiana no has dejado que se infiltre un cierto postureo como el de los fariseos. Porque todavía hay ambientes –quizá sean los tuyos– en que queda muy bien hacer un retiro o ir a una vela, hacer un voluntariado en la otra punta del mundo –por supuesto con semana de vacaciones a todo plan incluida–, o llevar una vez al mes bocadillos a los pobres. Todo eso, que no te digo ni mucho menos que esté mal, si no pasa de lo superficial, si se hace solo por quedar bien, o por tranquilizar la propia conciencia, entonces no se está lejos del reproche que hace Jesús a los fariseos.

Pero ¿cómo distinguir lo auténtico del postureo? Mira a Jesús. Su interés por los pobres no era superficial, ni calculado, era sincero. No se daba a tiempo parcial ni vivía luego de manera opulenta, como sí hacían los fariseos. En Jesús había una unidad en su vida. ¿La hay en la tuya? ¿Dejas que tus prácticas de piedad y de caridad te cambien de verdad? Si haces oración, y das algo de tu tiempo a los demás, y lo haces con autenticidad, no lo dudes, eso te cambiará hábitos, modos de pensar, de divertirte, de mirar a los demás.

3. Cristo te quiere para ser apóstol suyo, su enviado, para llevar el evangelio a todos los lugares, a tu ambiente de trabajo, a tu familia, a tus amistades... Y un apóstol auténtico está en las antípodas del tal Capitán Araña. Porque lo que quieres comunicar no es un teorema de matemáticas, que puede ser explicado maravillosamente por el más miserable de los hombres, con tal que sea un experto en la materia. Lo que quieres comunicar tiene que ver con la vida, y con el modo de vivirla. Y en esta materia solo estamos dispuestos a escuchar a quienes nos hablan con hechos. Tu autenticidad de apóstol es la autenticidad de tu vida. Solo arrastrarás si eres de verdad lo que dices con tus palabras. No alguien perfecto y santo en acto, sino alguien que se cree lo que dice y lucha cada día por la santidad y por vivir aquello que Cristo enseña en el evangelio.

Por estas mismas razones un apóstol tiene en la superficialidad y el postureo su falsificación más peligrosa. La más peligrosa, porque la mejor falsificación es la que más se parece al original. Y alguien que vive pensando en quedar bien a ojos de los demás puede llegar a proyectar la imagen que desea, en este caso la de un apóstol, aunque no lo sea. ¿Cómo distinguir? La perseverancia suele ser buen indicador. Los doce fueron probados bien en el martirio, bien en una larga vida de trabajos por el evangelio. Esta prueba sigue siendo válida para los apóstoles de hoy: la perseverancia en las dificultades es crisol que descubre y separa el oro verdadero de la burda imitación.

MIÉRCOLES II SEMANA DE CUARESMA

1. Los Zebedeos no saben lo que dicen:
les movía el amor a Jesús.

2. Ser fieles todos los días de nuestra vida. ¿Podían?:
lo que Él quiera, cuando Él quiera.

3. Ahora, día a día. Confianza en Dios.

1. En el evangelio de hoy se da una de esas circunstancias donde podemos apreciar la inmensa paciencia de Jesús con sus discípulos. Si uno hace una lectura atenta del texto sagrado, se da cuenta enseguida de la diferencia que existe entre lo que el Señor dice y lo que aquellos responden.

Jesucristo es verdadero Dios, pero ciertamente es también verdadero hombre. Quería mucho a sus discípulos, y podemos imaginárnoslo nervioso por el camino. Sabe que va a dar a sus amigos una noticia que puede escandalizarles y entristecerles: les va a anunciar su pasión. No quiere hacer mal a los discípulos pero, por eso mismo, debe decirles que va camino de la cruz. Pronto llegará, y es bueno que estén advertidos. Consciente de que es una noticia dura, buscará el modo más apropiado de comunicársela. Finalmente, Jesús se lanza… y encuentra que sus discípulos nada entienden: justo después de presentarles el destino de su vida, en lo único que piensan es en sí mismos. Es cierto que son solo Santiago y Juan los que le preguntan qué puesto de honor ocuparán en el nuevo reino que instaurará Jesús, pero también es cierto que luego, al oírles, también los demás se enfadan con ellos.

En este primer rato de oración, haremos bien en imaginarnos el corazón de Jesús, dolido por la incomprensión de los que más quería. Y trataremos nosotros mismos de darle la ternura y la adhesión que entonces no encontró. Díselo: ¡cuéntame, Jesús, que quizá soy pequeño para entender, pero mi exceso de amor suplirá mi falta de inteligencia!

2. No obstante, el Maestro no pierde la paciencia. Comprende la petición de sus discípulos, y a su requerimiento contesta con una pregunta: «¿sois vosotros capaces de beber el cáliz que yo he de beber?». Les estaba preguntando si serían capaces de morir por el Amor. Pero Santiago y Juan no entienden nada, porque no habían entendido lo primero que les había dicho. Sin embargo, son valientes, y dicen «¡Podemos!» (cfr. *Mt* 20, 22). Sus palabras revelan un amor grande, como si dijeran a Cristo: «podemos hacer lo que Tú quieras, porque Tú estás con nosotros».

En la vida tendrás que tomar muchas decisiones donde deberás pedir esta valentía de los apóstoles. Me atrevería a decir que será precisamente en las ocasiones más importantes de tu vida cuando tendrás que fiarte del todo de Jesús y decir «¡Podemos!».

Cuando alguien se casa, no sabe en absoluto qué va a venir a su vida. Sin embargo, piensa que podrá, fiándose de la otra persona con la que va a compartir su vida y, sobre todo, confiando en Dios.

Cuando alguien es ordenado sacerdote o abraza la vida religiosa, sabe que ya no se pertenece, que es para Dios y para los demás. ¿Quién le asegurará que será fiel? Solo Dios. Y Dios lo único que nos pide es una respuesta valiente y confiada, de fe: «¡¡¡Podemos!!!».

Los fogosos hijos de Zebedeo respondieron a Jesús sin conocer los pormenores de la entrega. Se fiaban de Él, sin condiciones: ¿Y tú?

3. La respuesta de los apóstoles, que tiene que ver con la entrega de la vida entera, habla también del día a día, de cada cosa, por pequeña que nos parezca. Porque el sí que damos a Dios se hace verdad en cada momento: es un sí de verdad cuando cumples con tu horario de estudio o trabajo, aunque no te apetezca; es un sí de verdad cuando peleas por mantener activa esa lista de mortificaciones; es un sí de verdad cuando luchas a muerte por tener tu rato de oración cada día; es un sí de verdad cuando te esfuerzas por comulgar con frecuencia, por sonreír siempre...

Cada uno de esos pequeños síes son como un grito elevado a Dios desde acá, desde la tierra. Se cumple lo que cantaba el poeta:

«Un sí contesta sí
a otro sí. Grandes diálogos
repetidos se oyen
por encima del mar
de mundo a mundo: sí»[1].

---

[1] PEDRO SALINAS, «Todo dice que sí», en *La voz a ti debida*.

Es un diálogo de amor entre el cielo y la tierra, donde algunos hijos suyos le decimos con obras a Dios que, sin enterarnos muchas veces de casi nada, nos fiamos plenamente de Él, vivimos absolutamente confiados en su palabra.

Por eso, hoy Jesús nos llama también a nosotros «y nos pregunta, como a Santiago y a Juan: *Potestis bibere calicem, quem ego bibiturus sum?*; ¿estáis dispuestos a beber el cáliz –este cáliz de la entrega completa al cumplimiento de la voluntad del Padre– que yo voy a beber? *Possumus!* ¡Sí, estamos dispuestos!, es la respuesta de Juan y de Santiago. Vosotros y yo, ¿estamos seriamente dispuestos a cumplir, en todo, la voluntad de nuestro Padre Dios? ¿Hemos dado al Señor nuestro corazón entero, o seguimos apegados a nosotros mismos, a nuestros intereses, a nuestra comodidad, a nuestro amor propio?»[2].

Intenta dar respuesta a estas preguntas en lo más secreto de tu corazón, y termina haciendo con Jesús un propósito generoso.

---

[2] San Josemaría Escrivá, *Es Cristo que pasa*, 15.

JUEVES II SEMANA DE CUARESMA

1. *El peligro de no hacer nada.*
2. *El sentido de dar limosna.*
3. *La limosna más valiosa.*

1. Se le atribuye al pensador irlandés Edmund Burke esta célebre sentencia: «Para que triunfe el mal, basta con que los hombres de bien no hagan nada». Precisamente al rico del evangelio de hoy se le acusa, no de terribles pecados y actos malvados, sino de no hacer nada. De pasar día y noche delante de aquel pobre que estaba echado a su puerta, y no ser capaz de darle siquiera lo que le sobra de sus espléndidos banquetes. Quizá hubiera bastado con eso, con que le hubiera dado las sobras para haber evitado su propia condenación aliviando el sufrimiento del pobre sin privarse él de nada.

Como dice Cirilo de Alejandría: «hasta los perros venían a lamerle las llagas y no lo lastimaban, al contrario, simpatizaban con él y lo cuidaban. Los animales alivian los sufrimientos con sus lenguas al remover lo que le provoca dolor. El hombre rico era más cruel que los perros, porque no sintió ni simpatía ni compasión por él sino que fue totalmente inmisericorde»[1]. El no hacer nada de aquel hombre lo hace pasar por cruel, pues hasta los perros –bestias sin razón– se conmueven ante la situación de Lázaro.

No hacer nada puede tener un coste altísimo, para los demás y también para ti. No eres responsable de salvar al mundo ni de hacer un mundo mejor, pero sí lo eres del mundo pequeño que te rodea. Eres responsable del bien que puedes hacer. Dios cuenta contigo para hacerlo. Y no olvides que también tu salvación depende de ello, como dependía de su actitud hacia el pobre la salvación del rico. Para que el mal no triunfe Dios ha pensado en sus hijos –en ti–, para que siguiendo el ejemplo de su Hijo luchen cada día por vencerlo. Si tú no lo combates, si no haces nada, con eso bastará para que triunfe.

2. La limosna, de la que indirectamente el evangelio de hoy nos señala su importancia –no en vano el no practicarla le valió al rico la condenación–, es parte esencial del camino que la Cuaresma te propone. Pero no entiendas aquí por limosna únicamente un donativo económico. La limosna apunta a algo más profundo. El propio origen etimológico de la palabra nos revela el verdadero significado de dar limosna. El término castellano procede del griego *eleemossyne* que significa piedad, compasión. La limosna no es dar algo externo, sino que nace del interior. Es, en primer lugar, tener compasión, apiadarse, compartir el sufrimiento del que padece. La limosna parte de este movimiento del corazón. Sin él,

---

[1] Cirilo de Alejandría, *Comentario al Evangelio de Lucas*, 111.

no haremos nada, como el rico del evangelio. De hecho, la condición para no permanecer inmóvil y resolverse a hacer lo que está en tu mano, es que tenga lugar esta conmoción interior por el dolor y el sufrimiento que ves en los demás.

No olvides que es esta la misma moción que tiene lugar en el corazón de Jesús ante el sufrimiento. Porque Él no permanece nunca indiferente. Pídele que a ti tampoco te dejen indiferente las necesidades de quienes te rodean. Y para ello, solicita su ayuda para no mirarte solo a ti, para no ir a lo tuyo, para ser, en cambio, capaz de abrirte a los otros y a lo que les pasa. Pide, en definitiva, entrañas de misericordia –utilizando el lenguaje de la Sagrada Escritura–, «un corazón no de piedra sino de carne», un corazón compasivo como el de Jesús.

3. Considerar el sentido profundo de que lo que significa la limosna abre también los modos en que podemos practicarla, pues se hace evidente que no es solo, ni principalmente, cosa de dinero. En este sentido dice san Agustín: «Dar de comer al que tiene hambre, de beber al que tiene sed, vestir al desnudo, dar posada al pasajero, refugiar a un fugitivo, visitar a un enfermo o un preso, rescatar a un esclavo, sostener a un débil, guiar a un ciego, consolar a un afligido, curar a un herido, enseñar el camino al que se pierde, dar un consejo al que lo necesita y el alimento a un pobre no son las únicas especies de limosna, sino perdonar al que peca o corregir cuando hay autoridad para ello, olvidar la injuria que se recibió pidiendo a Dios que le dispense favores al que se la hizo; estas son obras de misericordia que se pueden mirar como limosnas»[2].

En definitiva, una manera de concretar cómo vivir la limosna, especialmente en este tiempo de Cuaresma, son las obras de misericordia, tanto las materiales, como las espirituales. Ahí tienes una guía magnífica, llena de posibilidades, para abrir tu corazón a los demás, en especial a los más pequeños y necesitados.

Una consideración complementaria que también te puede ayudar. Dar comida, o dinero, socorrer a quien pasa necesidad es algo muy bueno ya en sí mismo. Pero no olvides que no hay nada más valioso que puedas dar que tú mismo. Lo más valioso que posees eres tú, tu tiempo, tus energías, tu ilusión. La limosna más valiosa es la que da de esto. La que implica darte de verdad a los demás, dar de tu tiempo y de tus sueños. Es también lo que Dios nos enseña al darnos a su Hijo. Con Él nos ha dado la gracia, la verdad pero, por encima de todo, se ha dado a sí mismo, y no hay nada más valioso. Por eso a los ojos de Dios, tu limosna más preciosa será aquella que suponga dar de lo que no te sobra, dar de lo tuyo, darte tú mismo siguiendo el ejemplo de Jesús.

---

[2] SAN AGUSTÍN, *Libro de Fe, Esperanza y Caridad*, 72, 19.

VIERNES II SEMANA DE CUARESMA

1. La magnificencia de Dios con sus hijos.

2. Los labradores quieren todo para sí, quieren ser los propietarios.

3. No abusar de la paciencia de Dios.

1. El evangelio de hoy nos presenta la parábola de los viñadores homicidas. El comienzo de la misma constituye una bella imagen de la obra de Dios en la creación, un auténtico regalo para nosotros. En aquel propietario que *plantó una viña, la rodeó con una cerca, cavó en ella un lagar, construyó una torre, la arrendó a unos labradores* (*Mt* 21, 33), podemos ver a Dios que ha hecho todas las cosas y nos las ha entregado a los hombres para que las disfrutemos y administremos.

Pero no pasemos con ligereza sobre esto. Las acciones descritas en la parábola nos hablan del aprecio del amo por su viña, y por tanto de Dios por la obra de sus manos. Él ha sido quien la ha plantado, es decir, quien ha hecho que exista. No hay nadie más a su lado, allí no estaban los viñadores cuando lo hizo. Dios ha creado todo sin ayuda de nadie y, sin embargo, quiere ahora tu cooperación para que dé fruto, como quiere la de los viñadores para que su viña dé uvas.

Dios ha hecho todo con sumo cuidado. La cerca, la torre, el lagar, nos hablan de detalles. Dios ha pensado en todo con delicadeza. Busca que su obra esté protegida, que tenga lo necesario para producir el fruto preciado, el buen vino que alegra el corazón. Así ha hecho Dios las cosas. ¡Qué maravillosa es la creación que Dios ha pensado y realizado con tanto amor! Y la ha hecho para entregárnosla, para que la trabajemos y hagamos que dé magníficos frutos. Tal es la bondad de Dios. Haz memoria con frecuencia de ella para poder agradecerle todos los días cuanto Él te da. Al levantarte y al acostarte, da gracias a Dios por su magnificencia, por su generosidad, contigo y con todos los hombres. Haz como te dice el salmo de la misa, y bendice al Señor recordando sus maravillas, las que ha creado por y para ti. Verás cómo cambia tu manera de afrontar cada jornada y de descansar por la noche.

2. La consideración de la bondad y generosidad del propietario de la viña hace que el comportamiento de los viñadores se muestre aún más lleno de mezquindad e ingratitud. No quieren dar al dueño lo que le corresponde. Lo quieren todo para ellos, quieren apoderarse de la viña. Como enseñaba Benedicto XVI: «los labradores no quieren tener un amo, y esos labradores constituyen un espejo también para nosotros. Los hombres usurpamos la creación que, por decirlo así, nos ha sido dada para administrarla. Queremos ser sus únicos propietarios. Queremos poseer el mundo y nuestra misma vida de modo ilimitado. Dios es un estorbo para nosotros. O se hace de él una simple frase devota o se lo niega del todo, excluyéndolo de la vida pública, de modo que pierda todo significado»[1].

La tentación de los viñadores expresa la tentación perenne de toda persona ante Dios. La tentación a la que sucumbieron en primer lugar Adán y Eva al querer apropiarse por su cuenta de una existencia semejante a la de Dios, sin contar con Él. Pero, aunque el horizonte de convertirse en propietario y ocupar el lugar de Dios puede parecer a primera vista brillante, en seguida se torna oscuro, tal y como muestra la misma historia de la humanidad. De nuevo el papa Benedicto lo ha expresado de manera insuperable: «donde el hombre se convierte en único amo del mundo y propietario de sí mismo, no puede existir la justicia. Allí solo puede dominar el arbitrio del poder y de los intereses. Ciertamente se puede echar al Hijo fuera de la viña y asesinarlo, para gozar de forma egoísta, solos, de los frutos de la tierra. Pero entonces la viña se transforma muy pronto en un terreno yermo, pisoteado por los jabalíes».

3. El impulso de ser dueños de nuestra vida y de la creación de Dios se puede presentar, en ocasiones, como una búsqueda de libertad. Paralelamente te puede ofrecer una imagen de Dios como opresor que te impone normas y limita tu disfrute de las cosas. Pídele a Dios no caer en el engaño. Detrás de esa aparente lucha por tu libertad se esconde la esclavitud de tus pasiones, la opresión del pecado –tuyo y de los demás– que te encadena con fuerza y termina por destruir la belleza y el goce de lo creado.

---

[1] Benedicto XVI, *Homilía* (02-10-2005). Y lo que sigue.

Puedes imaginar la secuencia de lo que pasaría con los viñadores. Su obstinación les hace primero desatender a los criados del amo y luego matarlos cuando iban a por lo que le correspondía. La primera vez miedo por lo que pueda pasar, luego desenfreno en el disfrute de los placeres a su alcance –no todos lícitos–. Enseguida descuido de las labores e instalaciones, pues ya no tienen que dar cuentas a nadie, que lleva a un descenso de los frutos y un deterioro de la finca. Pero, en lugar de rectificar, siguen en su carrera a la perdición, cada vez con peor cosecha y menor disfrute, hasta matar al hijo. Al final pierden la viña, los frutos y la vida. Tenlo por seguro. El pecado produce ruina, lo que pasa es que a veces no queremos verla.

Dios es paciente contigo, como lo es el amo con los viñadores, y no deja de llamarte cuando te extravías, ni de darte oportunidades para que rectifiques. No creas que, si no te llega el castigo o no llega a los que se portan mal, es porque da igual lo que hagas. Lo que pasa es que Dios te da la oportunidad de cambiar, de corregirte. Así hasta el final. No abuses de su paciencia y se dócil a sus enviados para volver del extravío. Porque Dios vence. No hay final alternativo. Él vendrá y establecerá su viña definitiva. Y a los que se opusieron con obstinación no podrá hacerlos gozar de ella, simplemente porque rechazaron todas las ocasiones que Él les ofreció para entrar.

SÁBADO II SEMANA DE CUARESMA

1. ¿Parábola del hijo pródigo o del padre misericordioso?
2. Comprender la ofensa para entender la misericordia.
3. El padre solo mira por su hijo.

1. El evangelio de la misa de hoy, tomado de san Lucas, presenta para nuestra meditación una parábola de las más famosas, conocida habitualmente como parábola del hijo pródigo. Sin embargo, muchos son los que dicen que este nombre no hace justicia al contenido más importante de la narración que es la misericordia del padre. Por eso, prefieren llamarla «del padre misericordioso». Sin entrar en esta batalla por los nombres –aunque puede tener su gracia, porque puestos, podríamos llamarla también «de los dos hijos tontos»–, lo cierto es que es una observación acertada.

Hoy Jesús quiere que te fijes en la misericordia del padre. Te da a conocer cómo son las entrañas de Dios, qué alberga su corazón hacia los pecadores, hacia ti, y cómo se comporta. Porque no olvides que la parábola es la respuesta que da Jesús a la sorpresa y a las críticas de los fariseos por su conducta. En efecto, como dice Lucas: *Solían acercarse a Jesús todos los publicanos y los pecadores a escucharlo. Y los fariseos y los escribas murmuraban diciendo: «Ese acoge a los pecadores y come con ellos»* (*Lc* 15, 1-2). La contestación de Jesús llega por medio de tres parábolas: la de la oveja descarriada (cfr. *Lc* 15, 3-7), la de la moneda perdida (cfr. *Lc* 15, 8-10), y, por último, la que hoy nos ocupa. Dicho de otro modo, Jesús te explica hoy por qué actúa como actúa. Te da razón de su comportamiento. Y al hacerlo te abre una ventana a lo íntimo de su corazón, y por tanto de Dios. Aprovecha para asomarte y deleitarte con las maravillas que te descubre. Entra en lo secreto de Dios, y deja que te llene de paz y de alegría.

2. Para entender mejor la grandeza y la fuerza de la misericordia del padre expresada en la parábola puede ayudarnos, en primer lugar, pensar en qué consiste la ofensa del hijo menor. La narración de Lucas es simple y parca en detalles, pero extraordinariamente rica en expresividad: *Un hombre tenía dos hijos; el menor de ellos dijo a su padre: «Padre, dame la parte que me toca de la fortuna». El padre les repartió los bienes. No muchos días después, el hijo menor, juntando todo lo suyo, se marchó a un país lejano, y allí derrochó su fortuna viviendo perdidamente* (*Lc* 15, 11-13).

Piensa bien lo que dice el hijo menor a su padre. Le pide su herencia, es decir, algo a lo que solo tendrá derecho cuando muera el padre. Porque una herencia solo se produce cuando muere el propietario de los bienes. Con su petición el hijo está diciendo a su padre que no puede esperar a que muera, o incluso que desearía que lo estuviera. Detrás de su postura hay una declaración implícita de que el hijo piensa que su vida es mejor al margen de su padre.

Y tras pedir la herencia se marcha a un país lejano. Con esto san Lucas expresa mucho más que el natural deseo de aventura de un joven. Ese país lejano nos habla de una ruptura radical que ahonda en lo que considerábamos al meditar en la demanda al padre. Esa lejanía indica un deseo de romper con todo lo anterior, de dar la espalda a lo que significa la casa del padre, en la que ha transcurrido su juventud, y afrontar una existencia al margen de él y de lo que ha aprendido allí.

Piensa en el dolor del padre. Entra en su corazón desgarrado y roto, primero por las palabras, y luego por la marcha del hijo menor. Quizá sientas ira y desprecio por su ingratitud. No tiene nada que no le haya sido dado y se atreve a obrar así... Sin embargo, en el corazón del padre no hay odio; hay pena, tristeza por el hijo que se va, y preocupación por lo que pueda ser de él. ¡Qué distintos tu corazón y el mío del de Dios!

Y ahora, aplica a tus pecados la descripción de la ofensa del hijo menor, porque –a poco que lo consideres te darás cuenta de ello– no hay gran diferencia entre la ofensa del hijo menor y las tuyas o las mías. Ojalá se aflija tu corazón, y sientas la vergüenza de haberte dejado llevar por la mezquindad. Pide a Dios el dolor saludable de tus pecados al comprender la maldad y la injusticia que conllevan, y la ingratitud hacia quien te ha dado todo cuanto eres y posees.

3. Si profundizar en la ofensa que lleva a ese dolor interior, poner la mirada en el padre te llevará al consuelo y la alegría, y hará que ese dolor sea verdaderamente saludable. Porque en el corazón del padre, como antes te apuntaba, no hay ira, resentimiento o desprecio, sino amor hacia su hijo. El padre, a pesar de todo, se preocupa por su hijo y lo quiere, aun cuando se haya ido lejos y haya gastado su fortuna –que pertenece en realidad al padre, no al hijo– en vicios. Por eso, puedes imaginarlo yendo todos los días al lugar más alto de sus posesiones a escrutar el horizonte por si lo ve aparecer.

Esos mismos sentimientos son los del corazón de Cristo hacia ti cuando te alejas de Él por el pecado y vives perdidamente. de espaldas a su amor. Él no te desprecia, no te rechaza, te sigue amando aun cuando, como el hijo menor entre los cerdos, chapoteas entre la suciedad de tus maldades. No siente asco, no se escandaliza. Solo espera que te des cuenta de tu situación y que inicies el regreso a su casa, a tu casa. Y digo iniciar, porque como el padre del evangelio según te ve en el horizonte, se apresura para abrazarte con su misericordia. No te reprochará, ni te pedirá cuenta de lo que despilfarraste, solo te cubrirá con su gracia y te ofrecerá un nuevo comienzo a su lado. Así es Dios; así es su misericordia. Él te espera con su abrazo de perdón en la confesión, que es abrazo de un padre lleno de amor y ternura por su hijo.

DOMINGO III DE CUARESMA CICLO A

1. Jesús sale a tu encuentro desde la debilidad.

2. Diversos tipos de sed.

3. La sed de Dios.

1. Este tercer domingo de Cuaresma viene marcado por el célebre encuentro de Jesús con la mujer samaritana en el brocal del pozo de Jacob. Es la sed la que propicia ese encuentro. Una sed de Jesús que, *cansado del camino estaba allí sentado junto al pozo* (Jn 4, 6), y pide de beber a aquella mujer, que ha ido, como cada día, a buscar agua para su casa. Jesús siente sed, viene cansado. Su humanidad es de verdad, no es una mera apariencia. Ha compartido contigo y conmigo la fragilidad de nuestra carne, ha sentido fatiga y ha experimentado sed. Esa fatiga de Cristo tiene, no obstante, un sentido más profundo que no conviene que pases por alto. Nos lo descubre san Agustín: «La fortaleza de Cristo te creó y la debilidad de Cristo te reanimó. La fortaleza de Cristo hizo que existiera lo que no existía; la debilidad de Cristo hizo que lo que existía no pereciese. Con su fortaleza nos creó, con su debilidad nos buscó»[1]. La fatiga y la sed de Jesús son cauce para este encuentro, son la vía por la que Dios se aproxima a cada uno de nosotros.

Pero no es únicamente Jesús quien experimenta sed en el evangelio de hoy. La mujer samaritana sabe bien lo que es pasar sed. Cada día, como hacían centenares de mujeres en aquel tiempo, debía ir al pozo a sacar el agua que llevaba en el cántaro hasta su casa. Conoce bien la fatiga y la sed, como en definitiva las conocemos todos los humanos. Por eso, cansancio y deseo, son tan buenos puntos de encuentro, por eso Jesús ha querido compartir esta experiencia con nosotros, para encontrarse en el brocal del pozo.

2. En aquella mujer se manifiesta otro tipo de sed además de la física. Porque «la mujer samaritana representa la insatisfacción existencial de quien no ha encontrado lo que busca: había tenido "cinco maridos" y convivía con otro hombre; sus continuas idas al pozo para sacar agua expresan un vivir repetitivo y resignado»[2]. De la sed física al anhelo espiritual. Como la samaritana, también tú experimentas lo segundo. Percibes en tu vida un ansia de felicidad y de cumplimiento que no encuentra correspondencia con nada de cuanto vas conociendo. El alma humana, tu alma, tiene deseos de algo más grande que ella, tiene sed de Dios mismo. Por eso nada es capaz de saciarla. Solo el agua que da Cristo puede satisfacer

---

[1] SAN AGUSTÍN, *Tratados sobre el Evangelio de San Juan*, 15. Y lo que sigue.

[2] BENEDICTO XVI, Ángelus (24-02-2008).

completamente esa sed del alma, porque es un agua que *salta hasta la vida eterna* (*Jn* 4, 14).

Pero esa ambición espiritual es también una guía en tu búsqueda. No solo te impulsa a ir por agua, como la sed física de la samaritana la llevaba a ir cada día a la fuente, sino que te indica qué agua puede colmarte. Esa sed es el punto de partida del camino espiritual que hemos de hacer para encontrar el agua de la vida. El mismo camino que recorrió aquella tarde la mujer de manos de Jesús, el que la lleva a dejar su cántaro para ir corriendo a contar lo que le ha pasado, y a preguntarse abiertamente si no será Jesús el Mesías. Ese camino es el que nos invita a hacer la Cuaresma. Implica dejar el cántaro, que representa aquello que era importante hasta ese momento para ella, pero que ahora al debe ser dejado atrás. También tú debes dejar tu cántaro. También en ti ha de tener lugar este cambio de valores, este descubrimiento de una verdad más grande.

Recuerda, en este itinerario espiritual, la sed es también tu guía. No dejes de buscar, no te conformes con nada que no satisfaga auténticamente el deseo más hondo de tu corazón. No te detengas hasta encontrar en Jesús, la única fuente que puede saciarte, el torrente de agua que salta a la vida eterna.

3. Pero si los afanes de la samaritana tenían dos niveles de significado, uno físico y otro espiritual, con los anhelos de Cristo sucede lo mismo. Siente sed física por el cansancio del camino, pero –como señala san Agustín– además «quien pedía de beber, tenía sed de la fe de esa misma mujer». Ese ansia buena de Jesús que volverá a expresarse en la cruz cuando diga: *Tengo sed* (*Jn* 19, 28), y que es sed de almas, sed de que respondamos a su amor; sed de que la salvación alcance a todos los hombres. La sed de Cristo es una puerta abierta –como su costado en la cruz– para que entres en Dios.

Porque Jesús sigue manteniendo esa misma avidez: sed de que le ames y te entregues más generosamente al cumplimiento de sus mandatos; sed de que con generosidad respondas a su amor. Ojalá descubras a Jesús, en el sagrario, sediento de tu compañía, y vayas allí a saciar su sed. Al hacerlo será Él quien te dará lo que pides, porque colmará en ti la sed de verdad, de amor, de justicia…

Comparte también la sed de Jesús por la salvación de todos. Ten sed de almas, que es sed de apóstol por llevar el agua pura de Cristo a quien se encuentra con el alma reseca por la fatiga de no hallar sentido a su vida. La samaritana salió corriendo a contar lo que le había pasado, no pudo contenerse ni un momento, ¿corres tú también para llevar a Cristo a los demás? ¿Te apremian las cosas de Dios? Es la sed de Cristo lo que urge, es su amor el que apremia.

DOMINGO III DE CUARESMA CICLO B

1. Un edificio desproporcionado.
2. Jesús también se enfada.
3. Asignatura de urbanidad.

1. Cuando vas por primera vez a Tierra Santa, hay una visita obligada al museo de Jerusalén donde te muestran una maqueta de la ciudad en tiempos de Jesús. Entonces te das cuenta de lo que significaba el Templo, y lo impactante que debía de ser para los peregrinos atisbar ya desde lejos la silueta de los muros de aquel edificio santo. Solo si tenemos una imagen en nuestra mente de ese majestuoso edificio, podemos entender el evangelio de hoy.

Para los judíos de tiempos de Jesús el Templo era el símbolo de la presencia de Dios en medio de su pueblo, tal como lo había sido desde hacía generaciones. Su origen se remonta a Salomón que construyó para Dios una morada siguiendo las indicaciones divinas. Se conservó intacto durante 400 años, hasta la invasión de los babilonios que, al mando de Nabucodonosor, lo destruyeron y exiliaron a los principales de los judíos. Reconstruido cuando retornaron al país, el segundo Templo era solo una sombra del esplendor del primero, y aun así era grandioso.

El Templo, tal como Jesús lo conoció, constaba de un gran patio rodeado de suntuosos pórticos de 13,5 metros de anchura sostenidos por columnas de mármol blanco de 11 metros de altura, de una sola pieza, y techo de madera de cedro.

Dentro del gran patio exterior, llamado Patio de los Gentiles, estaban los tres patios interiores, de dimensiones mucho más reducidas, en el siguiente orden de cercanía al santuario: patio de las mujeres, patio de Israel o de los hombres y el patio de los sacerdotes, ya en torno al Santuario.

La distribución del conjunto estaba en consonancia con la idea de santidad y lejanía de Dios del Antiguo Testamento, presente de alguna manera en el Santo de los Santos. El único que tenía acceso a este lugar era el sumo sacerdote, pero solo una vez al año y después de una larga purificación con ayunos y oraciones. Lo hacía el día del Perdón, la fecha más santa del judaísmo. A partir de ese concepto de santidad ritual se establecía un orden de mayor a menor pureza hasta terminar en los gentiles, quienes por carecer de pureza legal no podían pasar del primero de los patios.

Se habían utilizado los mejores materiales para su construcción, sus dimensiones eran desproporcionadamente grandes, los adornos, abundantes. Ese coloso, dice Jesús que será destruido, y que Él lo levantará en tres días. Ellos se habían quedado en lo externo, olvidándose de que todo aquello les hablaba de Dios, de un Dios que sale a su encuentro en la historia y al que en ese instante podían ver con sus propios ojos; pero no fueron capaces de reconocerlo. Dios no está lejos, no vive ajeno a nuestras cosas: abramos también los ojos para verle cerca, para no dudar de su presencia y cuidado en cada momento.

2. Un buen día, nos narra el evangelio de hoy, Jesús acude al Templo como sería su costumbre cuando se encontraba en la Ciudad Santa. Y al entrar quedó profundamente impactado, algo punzó su corazón, pendiente siempre de la gloria de Dios. Un gentío enorme, la compra y la venta de animales para el sacrificio (algo por otra parte normal, si los peregrinos venían de lejos, no iban a traer el animal a cuestas desde el punto de origen), ruido, monedas, etc. Pensad en la cara que se les quedó a los apóstoles cuando vieron el rostro de indignación de Jesús y acto seguido –no les dio tiempo a reaccionar– se quitó la cuerda con la que se ceñía la túnica y, *haciendo un azote de cordeles, los echó a todos del templo, ovejas y bueyes; y a los cambistas les esparció las monedas y les volcó las mesas; y a los que vendían palomas les dijo: «quitad esto de aquí»* (*Jn* 2, 15-16). Posiblemente nunca habían visto a Jesús tan enfadado, y nosotros tampoco.

A veces hay que enfadarse, y otras muchas nos enfadamos sin motivo. Cuando está en juego la gloria de Dios, el nombre de la Iglesia o la buena fama de las personas, no hay que ceder ante los respetos humanos, antes bien hay que salir en su defensa. Pocas veces nos acusamos en la confesión de pecados de omisión en relación con nuestros silencios cómplices ante una blasfemia, una crítica a nuestra Madre la Iglesia o a alguno de sus miembros. Es cierto que, a veces, cuando son muchos, es mejor callar y desagraviar interiormente y corregir o hacer algún comentario luego en privado; pero alguna vez también conviene parar los pies y dar la cara por el buen nombre de la Iglesia y manifestar nuestra condición de católicos.

3. Pero, además, el evangelio de hoy nos alerta de un peligro que puede estar cobrando cierta fuerza en nuestros días: la pérdida de la conciencia de lo sagrado. El modo de vestir, la proliferación del uso del móvil o las conversaciones dentro la iglesia ponen de manifiesto que mucha gente ha perdido de vista cómo debe comportarse en un lugar sagrado. No se trata de poner todo el foco en las formas externas, pero sí de saber dónde entro, quién me espera allí y sacar las debidas consecuencias.

«El templo es un lugar donde la comunidad va a rezar, a alabar al Señor, a darle gracias, pero sobre todo a adorar: en el templo se adora al Señor. Y este es el punto importante. También, esto es válido para las ceremonias litúrgicas, ¿qué es más importante? Lo más importante es la adoración: toda la comunidad reunida mira al altar donde se celebra el sacrificio y adora. Pero, yo creo –humildemente lo digo– que nosotros cristianos quizá hemos perdido un poco el sentido de la adoración y pensamos: vamos al templo, nos reunimos como hermanos –¡es bueno, es bonito!– pero el centro está donde está Dios. Y nosotros adoramos a Dios. ¿Nuestros templos son lugares de adoración, favorecen la adoración? ¿Nuestras celebraciones favorecen la adoración?»[1].

Revisemos de vez en cuando cómo nos comportamos en la iglesia, cómo nos sentamos, si guardamos el

---

[1] Papa Francisco, *Meditación* (22-11-2013).

debido silencio, si con nuestro modo de estar invitamos también a los demás a recogerse ante Dios. «Hay una urbanidad de la piedad. –Apréndela. –Dan pena esos hombres "piadosos", que no saben asistir a Misa –aunque la oigan a diario–, ni santiguarse –hacen unos raros garabatos, llenos de precipitación–, ni hincar la rodilla ante el Sagrario –sus genuflexiones ridículas parecen una burla–, ni inclinar reverentemente la cabeza ante una imagen de la Señora»[2].

¡Que no te dé vergüenza ser piadoso ni expresar el amor a tu Dios!

---

[2] San Josemaría Escrivá, *Camino*, 541.

DOMINGO III DE CUARESMA CICLO C

1. Somos de polvo y al polvo volvemos.

2. ¿Cómo hacer soportable la toma de conciencia acerca de la fragilidad de nuestra vida?

3. La conversión solo tiene sentido porque Dios es misericordioso.

1. Las malas noticias y las desgracias corren como la pólvora, algo que a tenor del evangelio ya sucedía incluso antes de que aquella fuera inventada. Siempre hay alguien preguntando: «¿No te has enterado de lo que ha pasado?». Y acto seguido un relato pormenorizado de lo sucedido. Antes, todo oral, ahora por medio de vídeos que se hacen «virales». Quizá sea una manera de compartir la desazón y la angustia que producen las catástrofes o las desgracias ajenas y, de este modo, paliar de algún modo la sensación de vulnerabilidad que genera pensar que nos podía haber sucedido a nosotros. Sea esto, o el simple morbo por la crónica de sucesos, lo cierto es que en el evangelio de hoy llegan algunos a Jesús para contarle lo que ha hecho Pilatos con unos galileos que se habían amotinado en el Templo: los ha mandado matar y ha mezclado su sangre con la de los sacrificios. Esperan quizá una palabra tranquilizadora del Maestro, pero lo que encuentran es justo lo contrario: *Jesús respondió: «¿Pensáis que esos galileos eran más pecadores que los demás galileos porque han padecido todo esto? Os digo que no; y, si no os convertís, todos pereceréis lo mismo»* (*Lc* 13, 2-3). Y para reforzar el argumento trae a colación la desgracia del derrumbe de una torre en Siloé que debió causar estupor en aquel tiempo. La respuesta de Jesús es un torpedo a la línea de flotación de la convicción general en aquella época, según la cual los males sufridos en la vida, como aquellos que se mencionan hoy en el evangelio, son en último término un castigo por alguna culpa grave cometida. Era sin duda una manera de superar la inseguridad y vulnerabilidad ante el mal físico que antes mencionábamos. Pero las palabras de Jesús no dejan lugar a dudas: que nadie piense que es mejor que otro o que a él no le ocurrirá tal cosa. Todos somos vulnerables ante el mal y todos podemos perecer en un instante. Como dijeron sobre ti el día de ceniza: «Polvo eres y en polvo te convertirás».

2. Pues, ¡vaya panorama! Entonces, ¿qué hacer? ¿Dónde buscar seguridad? Porque vivir con esa incertidumbre es una auténtica angustia. No hay seguro de vida que tranquilice el ánimo. La senda que conviene seguir la encuentras en las mismas palabras de Jesús que antes meditábamos. Si bien destruyen la falsa seguridad de los judíos, ofrecen un camino en medio de las ruinas: la conversión, esa es la única alternativa al destino de aquellos desgraciados galileos o al de los que aplastó la torre de Siloé.

Y la conversión comienza por salir de la zona de confort y examinar qué hay de torcido en la propia vida.

Una persona, una institución o una sociedad entera que asume una posición autocomplaciente consigo pensando que todo es perfecto en ella tiene a un paso la propia descomposición. La misma historia demuestra con multitud de ejemplos, que la ausencia de autocrítica y de un examen sincero de la propia trayectoria conduce inexorablemente a la degradación. Por eso, pídele al Señor el espíritu de examen. Pídele vencer el miedo a descubrir que algo anda mal. Y haz en este tiempo de gracia que Dios te concede un profundo análisis de tu conciencia y de tu vida. Quizá hacerlo te traerá un cierto desasosiego, porque tomar conciencia de las sombras de la propia existencia es siempre trago amargo, pero también es áspero el sabor de muchas medicinas y sin embargo ayudan a sanar. Este trago amargo es también principio para sanar. Y te ayudará también a buscar seguridad y consuelo en el Único que nos lo puede dar. Porque la conversión además de examen crítico de tu vida supone, y es lo más importante, volverse hacia Dios. Él calmará la amargura y te curará de los agobios y las ansias. Vuélvete a Él y abandónate en sus brazos.

3. Si la primera parte del evangelio te presentaba la cruda verdad sobre la fragilidad de la vida humana y la necesidad de conversión, la segunda parte ofrece un destello para iluminar un panorama tan sombrío. La parábola de la higuera, que dirige la atención hacia la misericordia y la paciencia divina, es un auténtico bálsamo para sanar la agitación del alma que descubre la mancha del pecado. Porque la conversión personal a que somos llamados, de manera especial en este tiempo, quedaría en un vano intento de nuestra parte si no encontrara en Dios la disposición a recibirnos. Sin la misericordia divina, triste final tendría tu esfuerzo por hacer examen y por enmendarte. La parábola de la higuera te enseña que el fruto no depende solo de ella, los cuidados del viñador –que es el mismo Jesús– se antojan decisivos para que el árbol, que por tres años no dio nada, dé por fin el fruto que espera quien lo plantó. ¿Te dejas cuidar por Dios?

Pero además de los cuidados y la delicadeza de Dios, fruto de su misericordia para con nosotros, la parábola del evangelio te enseña también otro rasgo de la condescendencia divina: la paciencia. Cuando parece agotado el tiempo, a través del diálogo maravilloso entre el dueño y el viñador, surge una inesperada oportunidad, un tiempo nuevo para que pueda por fin producirse el cambio. Dios tiene una paciencia sin fin para contigo. ¡Qué contraste tan grande con el mundo en que vivimos, sometido a la tiranía de la inmediatez! Pero también discrepa contigo y conmigo cuya paciencia con los demás y con nosotros mismos se agota con una facilidad exasperante. Aprendamos de Dios a tener paciencia. Paciencia para contigo, paciencia con los demás.

LUNES III SEMANA DE CUARESMA

1. Parece que en el mundo de hoy cuesta más creer.
2. Fe natural: confianza en Dios para poder ver «sus cosas».
3. La fe exige humildad, obedecer aunque no entiendas.

1. «A los jóvenes de ahora parece que les cuesta más creer. No sé por qué. Quizá es que uno no crece más deprisa por más que quiera. A un primo mío lo nombraron agente del orden público cuando tenía dieciocho años. Por entonces ya estaba casado y tenía un hijo. Un amigo con el que me crie era predicador a esa misma edad. Pastor de una pequeña iglesia rural. Se marchó de allí para irse a Lubbock unos tres años después, y cuando les dijo a todos que se marchaba se quedaron sentados en la iglesia llorando a lágrima viva. Mujeres y hombres por igual. Él los había casado y bautizado y enterrado (…). A la gente de ahora les hablas del bien y del mal y te expones a que se sonrían. Pero yo nunca tuve dudas acerca de cosas así. Cuando pensaba en cosas así. Y espero no tenerlas nunca»[1].

---

[1] C. McCarthy, *No es país para viejos,* 127.

¿Será verdad que hoy creer cuesta más que antes? Quizá sea verdad que falta fe porque cuesta crecer, porque cuesta asumir responsabilidades, porque cuesta madurar. Falta fe porque constantemente se nos vende la mentira de que es posible una vida cómoda, dilapidada por los placeres y por el consumo... y que tiene además la audacia de presentarse como una vida feliz. En definitiva, falta fe porque falta humanidad: cuando dejamos de amar, cuando dejamos de desear lo bueno, de tener metas altas y pactamos con nuestros pecados y debilidades, ocurre que el bien y el mal se convierten en motivo de risa, y la fe es una experiencia ridícula que no interesa para nada a ese humano entregado a su satisfacción más inmediata.

Pero no nos engañemos: la falta de fe no es un problema nuevo. Jesús se topó con ella en Nazaret, el pueblo donde creció y se hizo adulto. Por esta razón, en la sinagoga, dedica a sus paisanos un duro discurso: Dios está dispuesto a conceder muchos bienes a los hombres, pero quiere una respuesta de fe que lamentablemente no encuentra entre los moradores de aquel lugar. Esta vez nada nos dice el evangelio de lo que sintió Jesús a propósito de esa falta de fe. Sin embargo, más adelante, veremos a Cristo muy triste ante el poco amor de sus contemporáneos a Dios. Se lamentará con palabras de duda: *Cuando venga el Hijo del hombre, ¿encontrará fe en la tierra?* (*Lc* 18, 8).

Ante el sufrimiento de Jesús, nosotros queremos renovar nuestra fe en este rato de oración. Si somos hombres y mujeres maduros, la necesidad de pensar a fondo la fe botará como consecuencia natural de nuestro responsable modo de pensar y de actuar.

2. Existe, por así decirlo, una «fe natural» que es una actitud común a todos los seres humanos. En efecto, no se puede vivir sin esa creencia que nos lleva a confiar en las cosas más cotidianas de cada día. El día se compone de muchísimos actos de confianza, pequeños y constantes: confiamos en que al salir de la cama no haya un agujero en el suelo que nos precipite al piso inferior; confiamos en que el sol sale cada mañana (no pensamos cada día si será el fin del mundo o estallará una guerra que nos destruirá a todos); salimos a la calle sin miedo a que haya una zanja, o que la antimateria haya acabado con lo real. También en relación con las cosas que conocemos hacemos actos de fe constantemente: nos fiamos de que, por ejemplo, Inglaterra es una isla, aunque no hayamos recorrido todos sus bordes; o de que el móvil que tengo entre las manos funciona como teléfono, y no es una bomba que va a estallar en cualquier momento. Lo mismo se podría decir de nuestros familiares y amigos: confiamos continuamente en que no nos fallarán (y eso mismo es muestra de que les queremos).

Sin embargo, cuando se trata de cuestiones religiosas, comenzamos a hacer preguntas que jamás realizaríamos en lo que se refiere a esta fe natural. Dudamos porque hemos sido educados en un mundo que fiscaliza y desprestigia todo lo sobrenatural. Por más que tengamos pruebas cotidianas del amor de Dios, nos cuesta muchísimo confiar en Él.

Si nos damos cuenta de lo anómalo de esta situación –que solo nos cuesta tener fe para las cosas del Señor–, hemos de pedirle a Jesús una fe más sincera, y ojos para ver su misericordia en las cosas más cotidianas. Es probable que hayas recibido numerosas muestras del amor de Dios; pequeños regalos todos los días: aquella experiencia de oración, una convivencia, tus amistades, tus amores, una peregrinación, tu familia…

¡Pídele al Señor ojos para ver! ¡Que seas un alma capaz de reconocer los dones de Dios! Habitualmente, el Señor no hace cosas extraordinarias: su cuidado es diario e interior. Por eso, para descubrirlo necesitamos ojos de fe. Alimenta tu virtud, fomenta tu confianza. Para empezar, pídeselo mientras haces un breve repaso: quiero ver, en este rato contigo, todo lo que realizas por mí sin que me dé cuenta. ¡Ayúdame a verlo!

3. Tener fe implica, antes que nada, una cierta humildad. En la primera lectura, hemos escuchado la historia de Naamán el Sirio, que estaba enfermo de lepra. Al visitar al profeta Eliseo recibe un mandato desconcertante: debe ir a lavarse siete veces en el río Jordán. Naamán queda perplejo. Juzga que es un río ridículo, y que la orden no tiene ningún sentido. Se vuelve a su casa furioso. Pero son sus siervos los que le hacen entrar en razón: si el profeta te hubiera pedido un imposible quizá hubiera sido difícil hacerlo… y sin embargo lo hubieras intentado; te ha pedido una pequeñez, y por probar no pierdes nada (cfr. *2 R* 5, 9-13). La humildad de Naamán es ahora aún mayor. Otro gobernante de la época hubiera hecho juzgar y encarcelar a aquellos siervos por insolentes. Naamán no; antes bien, los escuchó e hizo lo que le decían. Naamán obedeció a sus siervos.

Y es que la fe, en su primer nivel, significa fiarse de lo que nos dicen, aunque nos parezca absurdo o aunque consideremos que viene de gente menos inteligente o menos poderosa que nosotros. Para el cristiano, la fe implica fiarse de la Iglesia, aunque a veces no veamos clara la bondad de lo que nos pide. Por eso, antes de negar algunas de las cosas que nos manda, conviene obedecerlas: porque será la única manera de comprenderlo en un futuro. Así le ocurrió a Naamán: obedeció... y comprendió. Se fue a lavar al río... y quedó limpio. Fíjate lo que sucede entonces: tras haberse fiado y haber hecho lo que le pidió el profeta, se curó, y en ese momento pasó a tener una creencia verdadera, que le llevó a hacer una profesión de fe: «verdaderamente no hay más Dios que el de Israel» (cfr. *2 R* 5, 15). Ha llegado al convencimiento interno, al amor y a la obediencia sincera ya no a sus siervos, sino a Dios mismo.

Considéralo despacio: ¿hay elementos de la doctrina de la Iglesia que has excluido de tu vida moral? Quizá no los entiendes, pero ¿los cumples? Prueba a obedecer... y luego verás qué razonable es todo. Y tendrás una fe viva que dará gran paz a tu corazón.

MARTES III SEMANA DE CUARESMA

1. Setenta veces siete es una barbaridad.

2. La cosa va hoy de números.

3. Practicar lo recibido.

1. De nuevo el evangelio nos habla del perdón y la misericordia. No te extrañe la insistencia; como ha señalado el papa Francisco, «la misericordia es la viga maestra que sostiene la vida de la Iglesia»[1], y además estamos en el ecuador de la Cuaresma. Por eso conviene volver una y otra vez sobre esto que sustenta la vida de la Iglesia y, por tanto, tu vida de hijo de Dios. El pie para que Mateo nos hable de este tema es una pregunta de Pedro a Jesús: *Si mi hermano me ofende, ¿cuántas veces tengo que perdonarlo? ¿Hasta siete veces?* (*Mt* 18, 21).

Detrás de la pregunta de Pedro quizá esté, por una parte, la experiencia de que perdonar es difícil, y, por otra, ver a Jesús a diario practicando y predicando el perdón de los pecados. No es difícil pensar que Pedro ante estas dos experiencias se vuelva a Jesús y le interrogue, casi sabiendo ya la respuesta, pero queriendo que el

---

[1] PAPA FRANCISCO, *Misericordiae vultus,* 10.

Señor le aclare esto un poco más y sobre todo le enseñe cómo vivirlo.

La respuesta de Jesús no deja lugar a dudas: *No te digo hasta siete veces, sino hasta setenta veces siete* (*Mt* 17, 22). Setenta veces siete es una cantidad grande se mire como se mire. Si es considerando la suma, se trata de cuatrocientas noventa. Pero si lo piensas con el producto, entonces el número es monstruoso: siete elevado a setenta es una cifra que se nos escapa. Para hacerte una idea: si perdonases diez mil veces cada segundo durante las veinticuatro horas del día, sin parar, tardarías muchos miles de años en agotar la cifra que representa. Cuantitativamente, setenta veces siete viene a significar siempre. Pero además no olvides que cualitativamente el siete en la antigüedad significa plenitud. Cuando Pedro pregunta si ha de perdonar siete veces ya está diciendo si ha de hacerlo siempre. Lo mires como lo mires, cuantitativa o cualitativamente, el mensaje es claro: Jesús te dice que has de estar dispuesto a perdonar siempre.

2. Pero, ¿cuál es la razón de que debamos estar dispuestos a perdonar siempre? La respuesta solo puedes encontrarla mirando al cielo. Por eso Jesús continúa su respuesta a Pedro con una parábola que habla del reino de Dios y de su justicia. El rey de la parábola, que representa a Dios, te dice en su diálogo final con el primero de los criados el porqué de ese deber de estar dispuesto siempre a perdonar: *Toda aquella deuda te la perdoné, porque me lo rogaste. ¿No debías tú también tener compasión de tu compañero, como yo tuve compasión de ti?* (*Mt* 18, 32-33). En suma, has de perdonar porque tú has sido perdonado antes por Dios.

Has sido perdonado antes, pero también has sido perdonado más. Las cifras de la parábola, como siempre, no están puestas al azar, encierran también un significado. La cantidad que adeudaba el primer criado al rey, y que le es perdonada, se cifra en diez mil talentos. El talento es una unidad monetaria de la antigüedad que, aunque a lo largo de los siglos y culturas modificó su valor, podemos decir que equivalía en tiempo de Jesús a veintiún kilos de plata. Para que te hagas una idea: diez mil talentos fue la cantidad que debió pagar Cartago a Roma tras perder la Segunda Guerra Púnica, quedando en la ruina; y el tesoro más fabuloso de la antigüedad, el que Alejandro Magno saqueó a los persas, se cifra en unos cincuenta mil talentos.

Los números hablan por sí solos. El primer criado, que representa el perdón que recibimos de Dios, debía una cantidad inasumible, imposible de pagar. Quiere así significar Jesús que lo que Dios te perdona es algo que tú nunca podrías satisfacer ni reparar. Los pecados los cometemos, pero no podemos repararlos; la deuda que contraemos solo puede saldarla la misericordia divina. Piénsalo bien. Dios te ofrece siempre su perdón, hagas lo que hagas, te portes como te portes. Y eso a pesar de que tu ofensa siempre es del todo injusta e injustificable, cargada de ingratitud hacia el que te lo ha dado todo. Así es el perdón de Dios. Que pensar en él reconforte tu ánimo y te lleve a querer más a Dios, porque perdón y amor van siempre de la mano: no olvides que el amor lo perdona todo.

3. Frente a los diez mil talentos, que le fueron perdonados al primer criado, la deuda que tenía el segundo con él se cifra en cien denarios, que equivaldrían a unos 390 gramos de plata. Es una deuda mucho menor, posible de saldar. Pero el primer criado se muestra cruel e inmisericorde, no es capaz de dar ni siquiera un plazo mayor para que el otro pueda satisfacer lo que le debe.

Si Dios te perdona tanto, y del todo, ¿no es de justicia que Él te pida que hagas tú según ha hecho contigo? Por eso, dado que recibes de Dios tanta misericordia y que Él no se cansa nunca de perdonarte, no te canses tú de esforzarte por perdonar a aquellos que te hayan ofendido. No te interesa llevar cuentas, porque como las llevase Dios saldrías siempre perjudicado. Da de lo que recibes, pórtate con los demás como Cristo se porta contigo. Esto es lo que Dios te pide y lo que te enseña Jesús en el evangelio.

Perdonar y hacerlo de corazón (cfr. *Mt* 18, 35), porque así hace Dios contigo. Significa no recordarlo, no sacarlo a colación en el futuro, no actuar movido por el rencor. Significa volver a confiar, como Dios vuelve a confiar en ti, aunque vayas por enésima vez a pedirle perdón por lo mismo.

MIÉRCOLES III SEMANA DE CUARESMA

1. Jesús frente a la Ley y los Profetas.
2. Dios sí es de fiar.
3. Qué bueno es encontrar buenos maestros.

1. Las palabras que nos trae hoy el evangelio de Mateo fueron pronunciadas por Jesús dentro del extenso Sermón de la Montaña que comienza solemnemente con las conocidas Bienaventuranzas. Se trata, por tanto, de una enseñanza del máximo rango en importancia, y además en ella va a explicarnos cuál es el lugar de los dos pilares fundamentales, la Ley y los Profetas, que sostienen la manera de entender y tratar a Dios del pueblo de Israel.

Jesús comienza llamando la atención sobre un modo erróneo de situarle a Él y a sus palabras contraponiéndolo a la Ley mosaica y a los Profetas de Israel: *No creáis que he venido a abolir la Ley y los Profetas: no he venido a abolir, sino a dar plenitud* (*Mt* 5, 17). Conviene que te detengas en dos detalles. Es la primera vez en el evangelio de Mateo que Jesús usa la expresión «he venido», que alude directamente a la naturaleza de su misión. Dicho de otro modo, es la primera vez en el relato de Mateo que Jesús enuncia el contenido de su misión. Por otra parte, ¿qué es la Ley y los Profetas? Con esta expresión Jesús alude a toda la Escritura, a toda la revelación de Dios a su pueblo. Así pues, Cristo se sitúa en continuidad con el Antiguo Testamento, pero una continuidad que va más allá de lo que había. La continuidad de Cristo con la Ley y los Profetas consiste en llevar a cumplimiento, a plenitud o, de otro modo, colmar de sentido las expectativas de las Escrituras.

No pierdas de vista que, con estas palabras, Jesús te ofrece la clave para que puedas leer adecuadamente el Antiguo Testamento. Lo anunciado y revelado en la Escritura ha adquirido en Cristo su plenitud y cumplimiento, y es desde esa plenitud desde la que todo cobra sentido. Por encima de cualquier otra consideración del significado contenido en la Ley y los Profetas, cuando te acerques a ellos, no olvides que te hablan, aunque en ocasiones remotamente, de Cristo, quien da plenitud a su contenido .

2. Una tarde, en un colegio del que entonces era capellán, un profesor me dijo: «véngase después de comer a clase, se va a divertir». El profesor, un hombre grande –mediría metro noventa y pesaría más de cien kilos– y fuerte carácter, solía enseñar a sus alumnos no solo sobre lengua y literatura, sino también acerca de la vida; y lo hacía siempre de un modo muy original. Por eso, la cosa prometía. Me situé al final del aula. Tenían un examen sobre una lectura y, al parecer, podían usar en la prueba un comentario escrito sobre la obra. Pero algún alumno, seguramente empujado por los nervios, preguntó lo que todos tenían por cierto: «¿se puede usar el comentario?». La respuesta del profesor fue cortante: «No, nada en las mesas». Inmediatamente revuelo, protestas, incluso uno me dice: «lo ve, está loco. Ayer dijo que podíamos usarlo». Pero el profesor permanece firme y les dice con ironía: «Ayer os dije que sí, pues hoy es que no. ¿No cumplo mi palabra? ¡A ver si espabiláis! Os estoy preparando para la vida, para un mundo en el que nadie cumple su palabra».

No sé si la cosa llega a tanto como decía aquel profesor y, efectivamente, hoy nadie cumple su palabra. Pero lo que sí podemos admitir es que muchos no cumplen lo que dicen. Puedes pensar en políticos, famosos, deportistas… con frecuencia parecen expertos en desdecirse, matizarse, echar marcha atrás en sus compromisos, etc. Pues bien, lo que puedes tener por cierto, es que Dios no es así en absoluto. Él respeta su palabra, *antes pasarán el cielo y la tierra que deje de cumplirse hasta la última letra o tilde de la ley* (*Mt* 5, 18). De Dios puedes fiarte. Confía sin reservas en lo que te ha revelado y fíate de lo que te propone, porque nunca te dejará en la estacada, nunca se desdirá de lo que te prometió.

3. Al final del pasaje, Jesús habla de quien cumple y enseña la ley: quien la siga y la enseñe fielmente será grande en el reino de los cielos (cfr. *Mt* 5, 19). Es una promesa generosa del Señor para quienes no adulteren lo que Dios ha dado a conocer. Con estas palabras, Jesús te está ofreciendo además un criterio fundamental para reconocer a los buenos maestros que transmiten la verdadera enseñanza de Cristo.

Será para ti un maestro auténtico quien te enseñe no solo con sus palabras, sino también con su vida entera, con sus actos, con su esfuerzo por encarnar lo que afirma. La autenticidad está en esa unidad de vida, en la sencillez y la honestidad. No significa esto que aquel que enseña de verdad el evangelio sea ya «perfecto», nadie lo llegaremos a ser estando en la tierra, sino que más bien todos estamos en camino hacia la santidad. No quiere decir, por tanto, que esa persona no tenga defectos, pecados o faltas, los tendrá como tú y yo. Lo que quiere decir es que lucha con decisión contra ellos y siempre se levanta confiando en Dios.

Otro rasgo fundamental del que puede enseñarte bien el camino de Cristo es que no te enseña su doctrina, su verdad, su experiencia, sino la de Cristo. No te lleva a él sino a Dios. Y al revés, es un dato para reconocer un falso maestro si te lleva a él en vez de a Cristo. Quien genera fuerte afecto hacia sí y débil hacia el Señor, ten por seguro que no es buen maestro. Otra cosa es que, lógicamente, a quien nos ha dado a conocer al Señor y nos ha acompañado en el camino de nuestra respuesta de amor, le tengamos un afecto grande.

Ojalá seas tú también de esos que cumplen y enseñan con fidelidad la palabra de Cristo. Tienes una promesa para el cielo. Pero también ten por seguro que experimentarás gratitud en la tierra de quienes reciban de ti el tesoro del evangelio. Y, aunque no lo haces por esto último, no está de más agradecérselo también al Padre del cielo que delicadamente nos lo da como un anticipo de lo que te tiene reservado.

JUEVES III SEMANA DE CUARESMA

1. El relato de una fidelidad fallida.
2. La raíz de la infidelidad del pueblo elegido.
3. Dios frente al fracaso.

1. Hoy empezaremos nuestra meditación fijándonos en la primera lectura de la misa de hoy, tomada del libro del profeta Jeremías. Al comienzo de ella, Dios mismo es quien recuerda a Israel, por medio del oráculo del profeta, la alianza que selló con ellos tiempo atrás: *Esta fue la orden que les di: «Escuchad mi voz. Yo seré vuestro Dios y vosotros seréis mi pueblo»* (*Jr* 7, 23). Es un pacto de fidelidad, en el que ambas partes se comprometen a cumplir lo que les corresponde. Dios será para ese pueblo su Dios. Los defenderá, los protegerá, guiará sus pasos, los hará prosperar y les concederá la paz. Por su parte los israelitas se comprometen a ser su pueblo. Esto significa, en primer lugar, escuchar a su Señor y guardar sus decretos. No ir detrás de dioses extranjeros, ni buscar su seguridad fuera del único Dios. Si son fieles, su éxito queda garantizado por la misma palabra de Dios: *Seguid el camino que os señalo, y todo os irá bien* (*Jr* 7, 23b).

Sin embargo, la historia que ha escrito Israel a lo largo de los años dista mucho de ser una historia de fidelidad a la alianza. *No escucharon ni hicieron caso. Al contrario, caminaron según sus ideas, según la maldad de su obstinado corazón. Me dieron la espalda y no la cara* (*Jr* 7, 24). Hasta tal punto es así, que podemos decir que esta historia es, en palabras del papa Francisco, «una historia fallida de fidelidad»[1]. Es cierto que la infidelidad solo ha venido por parte de los hombres; Dios ha permanecido siempre fiel. Pero no deja, por ello, de percibirse en las palabras de Jeremías un aire de fracaso, una amargura por la testarudez de Israel. Pero, entonces, ¿puede fracasar Dios con su pueblo?

2. El fracaso forma parte de la historia de los hombres, tanto considerados en su conjunto –la historia de la humanidad–, cuanto si se considera a cada uno individualmente. Lo miremos como lo miremos los humanos nos equivocamos, fallamos, hacemos cosas mal, en definitiva, fracasamos; y lo hacemos no una, sino muchas veces. Tú mismo tendrás esta experiencia personal de ser derrotado, ya sea por tu flaqueza, por un adversario, por las dificultades… La experiencia del fracaso acompaña la vida de los hombres, también la tuya. En el fondo no debe extrañarnos que en la vida de Israel se dé también. Escandalizarnos o lamentarnos por ello no nos va a ayudar; en cambio, considerar cuál es la raíz de ese fracaso y qué hace Dios frente a él, sí lo puede hacer.

Pregúntate, en primer lugar, qué llevó a Israel a dar la espalda a Dios. O, dicho de otro modo, ¿cuál es la causa

---

[1] PAPA FRANCISCO, *Meditación* (03-03-2016).

de su infidelidad? La respuesta te la ofrece el mismo oráculo de Jeremías: *No escucharon ni hicieron caso* (*Jr* 7, 24). La infidelidad de Israel, su rechazo a la alianza, comienza con no escuchar a Dios. No es cosa menor. Fíjate que fue la primera consigna de Dios a su pueblo; así aparece expresado solemnemente al comienzo del *Shemá* que encabeza toda la Ley (cfr. *Dt* 6, 4-9), y así lo ha recordado el texto de Jeremías que estamos considerando. En el corazón de la fidelidad o del rechazo de la alianza está la escucha. Israel no ha escuchado a Dios, ha dado la espalda a todos los que Él ha enviado para que llegara a ellos sus palabras. A pesar de su rechazo, Él no ha cesado de mandar profetas, pero solo ha encontrado un endurecimiento progresivo del corazón de su pueblo (cfr. *Jr* 7, 25-27). Finalmente ha enviado a su Hijo, a la Palabra Eterna, y también lo han rechazado. El evangelio de hoy es un testimonio sobrecogedor del repudio de Dios por parte de Israel. No escuchan ni al Mesías, el Enviado.

La escucha, el estar abierto a lo que Dios quiere decirnos, es el principio de la fidelidad, y, correlativamente, cerrarse en uno mismo, oír solo lo que se refiere al propio interés, es el comienzo del rechazo al Señor. Por eso, pon atención a la palabra de Dios. Busca siempre estar receptivo a su llamada. No te encierres en ti mismo. Escuchar cuesta, porque no siempre lo que oímos nos agrada, pero es la puerta indispensable para que tenga lugar ese diálogo con Dios que es nuestra salvación.

3. El fracaso es propio de los hombres, ya lo sabes, por eso la pregunta no es si fracasarás en esto o en aquello, sino qué harás cuando te visite el fracaso, porque es seguro que en alguna faceta de tu vida llegará, si es que no lo ha hecho ya. No te digo esto para angustiarte ni alarmarte, es simplemente un hecho que no puedes ignorar. Si quieres saber cómo reaccionar, mira lo que hace Dios ante el fracaso de los hombres. Él permanece fiel. Asume nuestro fracaso, y lo toma sobre sus hombros en la cruz para abrir un camino nuevo de fidelidad y de amor.

Ante la infidelidad, ante tus miserias y desengaños pide a Dios la humildad de reconocerlos. Sin dramatizar, sin cargar las tintas. Porque, además, en ocasiones un traspiés nos ofrece la oportunidad de avanzar más rápido al reaccionar para no caer. Asume tus caídas y vuélvete a Dios. Porque su reacción ante nuestra derrota es la fidelidad. Él permanece fiel, aunque tú le des la espalda. Eso sí, aprende de lo que te hizo caer para luchar mejor la próxima vez. La victoria déjala en manos de Aquel que no pierde batallas. Por más que te veas humillado una y otra vez, no dejes de confiar en que tus fracasos no tienen la última palabra; esa la tiene Dios.

VIERNES III SEMANA DE CUARESMA

1. Acercarse a Cristo con el deseo de aprender.
2. Amor a Dios y amor al prójimo.
3. Lo que le falta al escriba para poseer el reino.

1. San Marcos nos presenta hoy en el evangelio el diálogo de un escriba con Jesús a propósito de una pregunta: cuál es el mandamiento más importante. No es la primera vez que se acerca a Jesús un escriba, un fariseo, un sacerdote, o un grupo de ellos, para entablar conversación sobre la Ley. En muchas ocasiones lo hacen movidos por la envidia, o buscando algo de qué acusarlo. No es este el caso. Aquel escriba, nos da noticia de ello el mismo Marcos, había escuchado la acertada respuesta de Jesús a unos saduceos que le preguntaron –estos, no exentos de mala intención– acerca de la resurrección de los muertos. Es entonces, al darse cuenta de la sabiduría que hay tras las palabras de Jesús, cuando se decide a preguntarle. Y lo hace sobre lo más decisivo de su vida, ¿cuál de los centenares de preceptos que observa es el que ha de ocupar el primer lugar en su conciencia? ¿Dónde debe poner más atención para ser grato a los ojos de Dios?

Aquel escriba se aproxima con rectitud a Cristo, movido por el deseo de conocer qué ha de hacer en su vida, o, mejor dicho, a confrontar si su conducta se desenvuelve en la dirección adecuada. Acércate tú también a Cristo con esta disposición. Ve a Él para que pueda enseñarte el camino, o confirmarte si lo estás recorriendo correctamente o te has desviado.

2. La pregunta del escriba, como ya te apuntaba antes, se dirige a lo esencial. *¿Qué mandamiento es el primero de todos?* (*Mc* 12, 28b). Y la respuesta de Jesús también va a lo esencial: *El primero es: «Escucha Israel, el Señor nuestro Dios, es el único Señor: amarás al Señor tu Dios, con todo tu corazón, con toda tu alma, con toda tu mente, con todo tu ser. El segundo es este: Amarás a tu prójimo como a ti mismo»* (*Mc* 12, 29-31).

Son dos mandamientos, amar a Dios y amar al prójimo, pero resultan inseparables, se reclaman el uno al otro: «Ninguno de estos dos amores puede ser perfecto si le falta el otro, porque no se puede amar de verdad a Dios sin amar al prójimo; ni se puede amar al prójimo sin amar a Dios (…) solo esta es la verdadera y única prueba del amor a Dios, si procuramos estar solícitos del cuidado de nuestros hermanos y les ayudamos»[1]. Aun así difieren no solo en el objeto –Dios y el prójimo– sino en la modalidad. El amor a Dios ha de ser con todo el corazón, con toda el alma, con todo el propio ser. Es un amor que se dirige a lo más perfecto, a Dios, y por ello debe desplazar cualquier otro amor. Nada puede ponerse a la altura de Dios en tu corazón; todo entero, sin

---

[1] Beda el Venerable, *Homilías sobre los evangelios*, 2, 22.

división, es para Dios. No permitas que ninguna criatura ocupe el lugar que solo corresponde a tu Creador.

Por contra, el amor al prójimo sí tiene semejante: amarlo como a ti mismo. Has de amar al prójimo como si fueras tú, como si fuera parte de ti. Reconoce en él lo mismo que puedes reconocer en ti mismo: la imagen de Dios, a quien amas con todo el corazón. Aquí tienes la razón del amor al prójimo y a ti mismo. Si amas a Dios, ¿cómo no amar a su imagen en la tierra? De nuevo se hace patente la unidad de estos amores y su complementariedad, pero también su diferencia y su orden, que has de respetar si quieres vivirlos como te enseña Jesucristo.

3. El escriba reconoce la verdad de las palabras del Señor, que se corresponden con lo que esperaba en su corazón. Cumplir esos mandatos –dice– *vale más que todos los holocaustos y sacrificios* (*Mc* 12, 33). Date cuenta que holocaustos y sacrificios eran el medio para ser purificados y alcanzar gracia ante Dios que tenían los judíos. Lo que sugiere con esto el escriba es que no hay mejor camino a la virtud que cumplir estos dos mandamientos. Y como subraya san Agustín: «En esta vida la virtud no consiste en otra cosa que en amar lo que se debe amar. Elegirlo es prudencia; no separarse de ello a pesar de las molestias es fortaleza; a pesar de los incentivos es templanza; a pesar de la soberbia es justicia. ¿Y qué hemos de elegir para amarlo con predilección, sino lo mejor que hallemos? Eso es Dios. Si en nuestro amor le anteponemos algo o lo igualamos con Él, no sabemos amarnos a nosotros mismos»[2].

---

[2] San Agustín, *Carta a Macedonio*, 155, 4.

Jesús, viendo que [el escriba] había respondido sensatamente, le dijo: «No estás lejos del reino de Dios» (Mc 12, 34). Si el escriba había reconocido la sabiduría de las palabras de Cristo y, muy probablemente, se esforzaba en cumplir lo que contienen, ¿qué le queda para tener el reino? Porque si Jesús dice que está cerca, significa que aún hay distancia que le separa. ¿Qué trecho del camino le falta recorrer para alcanzar el reino si ya sabe y practica –en la medida que puede– el mandamiento del amor a Dios y al prójimo? La respuesta no es difícil: le falta Cristo. Ese trecho del camino que le resta por recorrer es recibir al enviado de Dios, acoger a Jesucristo y reconocerle como su Señor. El amor a Dios y al prójimo pasa para ti y para mí por el amor a Jesucristo. En ese amor aprendes el amor a Dios y el amor al prójimo. En Cristo puedes introducirte y participar del amor divino que purifica y eleva tu amor a Dios. En Él encuentras el testimonio de un amor generoso a los demás hasta la entrega de sí. Ama a Cristo y haz lo que hace Cristo y no quedará distancia entre tus esfuerzos por amar a Dios y al prójimo y el reino que anuncia Jesús.

SÁBADO III SEMANA DE CUARESMA

1. El grupo de los creyentes que no sirven a Dios.

2. De nada sirven las obras exteriores si no hay humildad de corazón.

3. Algunas señales de falta de humildad.

1. Algo ha llamado la atención de nuestro Señor Jesucristo. Dice el evangelio de hoy que dirigió una parábola «a algunos que, teniéndose por justos, se sentían seguros de sí mismos y despreciaban a los demás». No sabemos por qué se dirigió a ellos en esta ocasión. Quizá había venido a verle un grupo grande de fariseos, o le habían invitado a una casa que resultó estar llena de hipócritas... Vemos a Jesús –entonces en el evangelio, ahora en nuestra oración– dolido por la arrogancia de los hombres. Sufre al ver aquella raza que trata con desprecio a los demás. Tal vez saquemos algún fruto de considerar un momento a quién se dirige exactamente el Maestro.

Ser creyente significa haberse encontrado con Dios y servirle. Es inconcebible ser creyente y no disfrutar siéndolo. Piénsalo. Has conocido a Dios: ¿qué te preocupa? Hablas confiadamente con el todopoderoso:

¿qué te hace perder la serenidad? El creyente de verdad es alegre, porque nada puede sustraerle de la compañía de Dios. El creyente trata de amar a Dios, pero lo que de verdad le consuela es saber que Dios le quiere mucho más.

Ahora bien, existe también otra raza de creyentes. Son los que encontraron a Dios y no le sirven. Sencillamente no le aman. Dicen que creen, sí, pero en realidad pasan del Dios a quien dicen conocer. Son aquellos que «se pierden en la medida en que lo han encontrado. Le sirven tanto menos cuanto se sirven a sí mismos»[1]. Párate un momento a pensarlo. Así eran los fariseos: personas que habían encontrado a Dios y no le servían. Se buscaban a sí mismos en su actuación.

Somos fariseos cuando decimos ser cristianos y no rezamos, cuando profesamos la fe en la Iglesia, pero somos incapaces de tener intimidad con Dios, de dedicarle un tiempo cada día, cuando somos perfeccionistas y esclavos de nuestra fama ante los demás.

Ya lo ves: somos fariseos más a menudo de lo que parece. Es fácil criticar a las personas a quienes hoy se dirige Jesús en el evangelio, pero conviene que nos preguntemos si no formamos parte también nosotros, al menos en ocasiones, de ese grupo de creyentes desenamorados.

De nada sirven las obras exteriores si no hay humildad de corazón.

2. La parábola que usa hoy el Señor nos habla del fariseo y el publicano que van a orar al Templo. El fariseo

---

[1] F. HADJADJ, *La fe de los demonios*, 20.

no robaba ni adulteraba, pagaba el diezmo de todo lo que ganaba y contribuía a las necesidades del templo... ¿y? Ante su oración sentimos rechazo, repulsión. Era un corazón arruinado por la envidia, una vida contaminada por el desprecio al prójimo, un alma orgullosa y una mente llena de vana autosatisfacción. En eso consistía su único tesoro. El fariseo consideraba que lo hacía todo bien, y exteriormente quizá era así. Pero la conducta que el Señor quiere ha de ser reflejo de la interioridad, de la humildad, del servicio, del amor, de la pureza. Y de esto, en el alma del fariseo, no hay ni rastro.

Por eso, ante el durísimo reproche del Señor en la parábola de hoy, debemos pensar qué corazón tenemos, cómo es el alma que se revela en nuestros cuerpos. Si acaso voy a Misa, comulgo, me confieso y rezo... y sin embargo no hay humildad verdadera en nuestras obras. Jesús ha sido claro: «todo el que se enaltece será humillado».

San Felipe Neri fue un experto en enseñar esta virtud fundamental. En una ocasión, una mujer acudió a él para pedirle consejo. Llegaba llena de propósitos porque había leído la pasión de Cristo. Pedía consejo al santo para crecer en humildad, y le pidió encarecidamente que le sugiriera una lista de duras mortificaciones: ayunos, dormir en el suelo, castigarse con flagelos... El sacerdote no se dejó intimidar y le aconsejó que tan solo tratara de vivir su vida cotidiana con mansedumbre y espíritu de servicio. Ella se marchó defraudada y algo enojada, convencida de que el pastor no le había escuchado ni hecho caso alguno. Pocos días más tarde, ella se dirigía a la parroquia a hacer su rato de oración. Previamente, san Felipe Neri había hablado con los niños pobres que formaban parte de su oratorio dándoles una consigna: cuando llegue, la tiráis del traje y la importunáis con vituperios. Así sucedió. Indignada, fue directa a la sacristía a reprochar al santo la conducta de sus chicos... Neri la escuchó pacientemente, y solo apostilló al término del discurso que, aún estaba buscando dónde quedaban sus propósitos de humildad y de identificarse con la pasión de Cristo. Había perdido una oportunidad única.

Muchas veces las mejores ocasiones para crecer en humildad vendrán de la mano de las dificultades que nos ofrece la vida misma. ¿Seremos capaces de aprovecharlas?

3. Repasa con sencillez, delante de Dios, cómo es tu humildad. Háblalo con Él, sin miedo, y dile que quieres un corazón puro. Para seguir con tu examen, «déjame que te recuerde, entre otras, algunas señales evidentes de falta de humildad: –pensar que lo que haces o dices está mejor hecho o dicho que lo de los demás; –querer salirte siempre con la tuya; –disputar sin razón o, cuando la tienes, insistir con tozudez y de mala manera;–dar tu parecer sin que te lo pidan, ni lo exija la caridad;–despreciar el punto de vista de los demás;–no mirar todos tus dones y cualidades como prestados;–no reconocer que eres indigno de toda honra y estima, incluso de la tierra que pisas y de las cosas que posees;–citarte a ti mismo como ejemplo en las conversaciones;–hablar mal de ti mismo, para que formen un buen juicio de ti o te contradigan;–excusarte cuando se te reprende;–encubrir al Director algunas faltas humillantes, para que no pierda el concepto que de ti tiene;–oír con complacencia que te alaben, o alegrarte de que hayan hablado bien de ti;–dolerte de que otros sean más estimados que tú;–negarte a desempeñar oficios inferiores;–buscar o desear singularizarte;–insinuar en la conversación palabras de alabanza propia o que dan a entender tu honradez, tu ingenio o destreza, tu prestigio profesional...;–avergonzarte porque careces de ciertos bienes...»[2].

---

[2] San Josemaría Escrivá, *Surco*, 263.

DOMINGO IV DE CUARESMA CICLO A

1. La causa de todos los males.
2. Cristo hace las cosas nuevas.
3. La peor ceguera.

1. Jesús se encuentra con un ciego de nacimiento. La creencia común en Israel era que ese tipo de males eran consecuencia de sus pecados o de los de sus padres, constituyendo un castigo de parte de Dios. Por eso le preguntan a Jesús para cerciorarse: *Maestro, ¿quién pecó: este o sus padres para que naciera ciego?* (*Jn* 9, 2). La respuesta de Jesús despeja toda duda, pero en el sentido contrario a la mentalidad de su tiempo: *Ni este pecó ni sus padres, sino para que se manifiesten las obras de Dios* (*Jn* 9, 3). La causa de su ceguera no hay que buscarla en sus pecados personales ni en el de sus padres. Entonces, ¿dónde buscarla?

Apuntar al pecado como respuesta no es del todo erróneo. Lo es si se quiere ver una relación directa entre los pecados personales que cometemos y el mal que padecemos en el mundo, como si fueran un castigo venido del cielo. Precisamente esta mentalidad es la que Jesús desarma en el evangelio de hoy. Pero, en otro sentido, sí hay que decir que el mal –también esa ceguera– es consecuencia del pecado. No de un pecado personal de quien padece esa desgracia, o de su familia directa, sino del pecado original.

Aquella ofensa de nuestros primeros padres significó la quiebra del plan de Dios. Rompió al hombre por dentro, y por eso experimentamos en nuestro interior malos deseos, inclinación al mal, consecuencias de ese primer pecado que ha dañado a toda la humanidad. Pero también lo rompió en su relación con la creación. Lo que había sido creado en perfecta armonía queda destrozado por la desobediencia de Adán y Eva. Aquel pecado extendió su amargo fruto a la creación entera que pasa a experimentar la corrupción, la violencia, y, en último término, la muerte. El pecado, y también el mal físico, son penas, consecuencias del pecado que sufren desde entonces los hombres, y que Cristo ha querido padecer con nosotros.

2. Pero, como suele pasar, despejar la incógnita del origen o la causa no sirve si no ayuda a solucionar el problema. Saber cuál es la causa de todo mal ya era conocido, pues así quedó establecido en el libro del Génesis. Por eso Jesús va más allá; la ceguera es ocasión para que Dios manifieste su poder y su misericordia. El Señor anuncia algo nuevo. ¡Qué consuelo producen las palabras de Jesús! «Nos hacen escuchar la voz viva de Dios, que es Amor providencial y sabio. Ante el hombre marcado por su limitación y por el sufrimiento, Jesús no piensa en posibles culpas, sino en la voluntad de Dios que ha creado al hombre para la vida»[1].

---

[1] BENEDICTO XVI, Ángelus (02-03-2008). También lo que sigue.

Él ha venido para realizar las obras de su Padre, para que esa voluntad de Dios, que los hombres tengan vida, se cumpla. Por eso, con aquel ciego, pasa inmediatamente a la acción. *Escupió en la tierra, hizo barro con la saliva, se lo untó en los ojos al ciego, y le dijo: «Ve a lavarte a la piscina de Siloé». Él fue, se lavó, y volvió con vista (Jn 9, 6-7).* Lo que Jesús hace no deja de ser extraño, ¿no podía haberlo curado diciéndoselo sin más, como ha hecho con otros enfermos? Claro que podía. Si ha elegido esta manera tan singular es porque en su actuación hay también un mensaje escondido.

El gesto de Jesús, haciendo barro y untándolo en los ojos del ciego, remite a la creación del hombre, que narra el Génesis con la imagen de la tierra modelada y animada por el aliento divino (cfr. *Gn* 2, 7). De hecho, Adán significa «tomado del suelo», porque fue hecho de la tierra. De este modo Jesús con la curación de aquel ciego quiere significar que está realizando una nueva creación. Está recreando lo que ha sido destrozado por el pecado, y lo hace en todos los niveles a que ha llegado esta catástrofe. El Señor se manifiesta entonces como el que puede curar todas las heridas del pecado, también las tuyas. Él puede sanarlas de raíz porque su obra en ti es como una nueva creación que restaura la imagen original de Dios plasmada en ti y desfigurada por el pecado. Déjate curar por aquel que te creó.

3. Sin embargo, el restablecimiento de aquel ciego desata una agria polémica. Algunos fariseos juzgan que, al ser sábado, Jesús ha violado el precepto de la fiesta, y terminan expulsando a los dos; a uno por haber violado la ley del sábado, al otro porque le siguen considerando un pecador a causa de la ceguera que padecía. Les da igual la curación y el gesto de Jesús. Se aferran a que la ceguera es signo del pecado de aquel hombre, y no quieren reconocer que su sanación significa asimismo la reparación de tal pecado, y que quien la realiza obra en nombre de Dios. Entonces, al final del relato, se revela algo más que Benedicto XVI ha expresado con acierto: «Al ciego curado Jesús le revela que ha venido al mundo para realizar un juicio, para separar a los ciegos curables de aquellos que no se dejan curar, porque presumen de sanos. En efecto, en el hombre es fuerte la tentación de construirse un sistema de seguridad ideológico: incluso la religión puede convertirse en un elemento de este sistema, como el ateísmo o el laicismo, pero de este modo uno queda cegado por su propio egoísmo».

Pídele a Dios no caer en esa tentación y déjate curar por Él de tu ceguera. Reconoce que no ves, que estás cegado por el pecado y Él te sanará. Solo la soberbia de pensar que no le necesitas, que estás sano y ves perfectamente, te encadenará a las tinieblas. El Señor quiere ser para ti luz, la luz de Dios que cure la miopía que te hace verte por delante de todos y de todo.

DOMINGO IV DE CUARESMA CICLO B

1. *Un recuerdo de Domingo Savio.*
2. *Una profecía de Moisés.*
3. *Amigos de Nicodemo.*

1. «Es la hora de la comida, y Domingo no aparece. No ha estado en el desayuno ni en la clase, y el maestro no sabe nada. Tampoco se ha quedado en el dormitorio por motivos de salud, la cama está bien hecha. En la sala de estudio no se encuentra. Se lo dicen a Don Bosco y cruza por su mente una sospecha, y dice: "Estad tranquilos, marchaos, sé dónde está". Se dirigió a la iglesia de San Francisco de Sales y lo encontró en el coro de detrás del altar mirando al Sagrario»[1]. Parece que era algo que el joven santo Domingo hacía con frecuencia, buscaba un lugar escondido y tranquilo donde poder mantener un diálogo personal con Jesús.

Hagamos la composición de lugar del evangelio de hoy: noche profunda, el silencio lo envuelve todo, solo alterado quizá por los sonidos de las aves nocturnas. No

---

[1] Miguel Aragón Ramírez, *Domingo Savio. Un mensaje para todos*, 93.

hay testigos, solos Jesús y Nicodemo, sin prisas, la noche por delante. Los nervios y la posible vergüenza inicial se van desvaneciendo en favor de la confianza y la conversación fluida. Nicodemo pasó del «qué hago aquí» al agradecimiento y aprovechamiento de esa circunstancia.

Nosotros también hemos de buscar los lugares y circunstancias óptimas para ese diálogo con Dios. Abandonar las prisas, los agobios para sentarnos delante de Él y hablarle: «Este rato es solo para nosotros». Dejar la oración para última hora del día, hacerla tumbados en la cama, no tener un horario fijo, sino cuando y donde me cuadre es el mejor camino para no conseguir nunca una relación de intimidad con Jesús. Debemos poner de nuestra parte, prepararnos por dentro y por fuera: la oración no debe ser un frenazo en seco, una imposición a mi voluntad; sino un deseo, una voluntad de disfrutar de quien sé que me quiere. La oración no se improvisa y, si no se cuida, acaba desapareciendo.

Jesús, yo, como Nicodemo, también quiero encontrarme contigo. Ayúdame a organizarme, a ponerte en el centro de mi jornada, a darme cuenta de que cada rato de oración no es algo que yo hago, sino un encuentro personal contigo. Del mismo modo que monto planes con mis amigos, en los que no me gustan las conversaciones rápidas y superficiales, sino charlar tranquilamente con ellos, que haga lo mismo contigo.

2. En el mundo hay mucha gente buena aunque, a veces, pasen muy desapercibidas; en tu trabajo, en tu universidad, entre tus amigos hay mucha gente que busca a Dios, que fueron bautizados, hicieron su primera Comunión e incluso la confirmación, pero que por diversos motivos se fueron alejando. Gente que duda, que no sabe, pero que querría descubrir un sentido a su vida. En definitiva, gente que a lo mejor solo necesita de un empujón.

Creo que eso es lo que le pasaba a Nicodemo, aquel personaje tan curioso que se acercaba a Jesús de noche para no ser visto, pero que en la tarde de la Pasión no dudó en dar la cara por el Maestro y reclamar su cuerpo para la sepultura. El evangelio solo nos narra una de esas conversaciones nocturnas en la que aquel maestro de la Ley, miembro del tribunal israelita, se convierte en discípulo y escucha ensimismado las palabras de Jesús.

Quiere saber si verdaderamente Él es el Mesías prometido y poco a poco va encontrando una respuesta afirmativa a través de las palabras de Jesús, aunque a veces le resulten oscuras. *Lo mismo que Moisés elevó la serpiente en el desierto, así tiene que ser elevado el Hijo del hombre, para que todo el que crea en él tenga vida eterna* (*Jn* 3, 14-15). Nicodemo conocía muy bien aquel pasaje en el que Moisés, obedeciendo a Dios, había mandado construir un estandarte de bronce en forma de serpiente para que, al mirarlo, todos los picados mortalmente por una serpiente recobraran la salud (cfr. *Nm* 21, 8-9). Con esta imagen, Jesús le está revelando –y a nosotros nos lo recuerda en estos días de Cuaresma– el sentido de su pasión salvadora. Él también será levantado en la cruz, signo de humillación y desprecio, para que todos los que le miren alcancen el perdón de sus pecados; como la serpiente mordió a los israelitas, también nosotros somos mordidos por el pecado (el enemigo aparece como serpiente en el libro del Génesis...), y encontramos la salud verdadera en Cristo crucificado. Por eso en los próximos días de Semana Santa cantaremos: «en la Cruz está la vida y el consuelo, y Ella sola es el camino para el cielo».

Nicodemo va comprendiendo que lo que se escribió en el Antiguo Testamento y se leía en la sinagoga era una promesa que se estaba cumpliendo. Todo lo narrado en aquellos libros tenía su plenitud en Jesús. Si el poder de Dios era grande para evitar que unos israelitas murieran por una picadura de serpiente, mayor es el poder de Dios que nos libra de las consecuencias del pecado.

3. La conversación llega a su punto álgido cuando Cristo le dice –y puedes imaginar el tono apasionado de sus palabras–: *porque tanto amó Dios al mundo, que entregó a su Unigénito, para que no perezca ninguno de los que creen en él, sino que tengan vida eterna. Porque Dios no envió a su Hijo al mundo para juzgar al mundo, sino para que el mundo se salve por él* (*Jn* 3, 16-17). Es bueno pensar cómo Dios mira al mundo y a cada uno de nosotros: con una mirada cariñosa, benevolente, misericordiosa. Dios no está pendiente de nosotros con un espíritu crítico, en «mal plan», como se suele decir, sino todo lo contrario; dispuesto siempre a comprender y a querer. Esa mirada no solo debe llenarnos de una profunda tranquilidad, descansando en esa paciencia misericordiosa de Dios, sino que debe enseñarnos a mirar a la gente. En infinitas ocasiones nos encontramos juzgando, criticando, ponderando diferencias, señalando defectos; y, en la mayor parte de las ocasiones, pensando que tenemos razón.

Una mirada de optimismo y esperanza sobre nosotros mismos, sobre los demás y sobre el mundo; en el ámbito del hogar, del trabajo o de los amigos. Saber mirar por encima de las circunstancias concretas que en un momento dado puedan suceder, ilusionarnos con el mundo en el que vivimos, saber sacar lo mejor de cada uno, no rendirnos ante las dificultades, son signos de que nuestra mirada se parece a la de Dios; y nuestra mirada la educamos en la oración.

Nicodemo salió distinto después de aquella conversación, porque la luz de la fe había prendido en su alma; estoy seguro de que, sin haber cambiado nada, lo veía todo diferente. Que nosotros no dudemos nunca del amor de Dios y que sepamos verlo todo desde ese prisma –que no es bobería, ni buenismo barato– con el que Dios mira al mundo, ese mundo que salió de sus manos, que redimió y en el que quiso colocarnos.

DOMINGO IV DE CUARESMA CICLO C

1. Nuestros actos tienen consecuencias.
2. Si no caemos es porque Dios aparta la piedra de tropiezo.
3. Vivir siempre en el amor.

1. Cuando hace veintisiete años proyectó la grabación, nunca pensó que la cosa llegaría tan lejos. En el instituto público del populoso suburbio de la ciudad de Barcelona, Tomás puso un video VHS a sus alumnos de biología. Tema: el aborto. Se discutía mucho su despenalización, el debate estaba abierto y los alumnos preguntaban. Al término de la lección, Leonor le pidió el video para ponérselo a unas amigas. No era cuestión de fe. Quería mostrar a sus compañeras del grupo de kárate la realidad del aborto. También ellas venían conversando del asunto desde hacía semanas.

Después de varios cambios de instituto, una boda, cuatro hijas estupendas y un nieto, Tomás aún seguía en la enseñanza. Habían pasado casi treinta años. Fue entonces cuando le hicieron llamar de secretaría: una mujer le esperaba a la entrada de la escuela. Extrañado, acudió de inmediato. Por supuesto que no se acordaba de ella. Tenía ya más de cuarenta años, y por la vida de

Tomás habían pasado tantos alumnos... Se presentó enseguida. Le dijo que había decidido ir a buscarle movida por una causa del todo insospechada para el docente. Leonor le recordó lo ocurrido veintisiete años atrás y le confesó su secreto: el video no era para sus amigas sino para sus padres, porque estaba embarazada y, si bien ella quería seguir adelante con el niño, sus progenitores no. Fue ese testimonio gráfico lo que hizo cambiar su parecer y ahora, años después, María –su hija– quería conocer al profesor cuyas palabras le habían salvado la vida. Una preciosa chica de veintiséis años se acercó a don Tomás para darle un abrazo sincero de agradecimiento...

Todo el mundo debe saber –y muy especialmente los lectores de este libro– que las acciones que ejecutamos en nuestra vida dejan mella, o sea, tienen consecuencias. En el caso del maestro de nuestra historia, que es real, podemos decir que los resultados fueron extraordinariamente buenos. Pero hay que tener también presente que las acciones pecaminosas traen siempre consecuencias peores, aunque a veces no nos demos cuenta.

La juventud es un tiempo en el que parece que nada tiene trascendencia. Permíteme que te recuerde que no es así. El cuerpo –por no decir nada del alma– guarda memoria de nuestros actos, y años más tarde rebrota, de un modo u otro, todo cuanto hicimos... de bueno... y de malo. Se entiende entonces la verdad de la sentencia enseñada por Sócrates a los suyos cuando afirmaba que más vale sufrir una injusticia que cometerla. Considéralo.

2. Cuando el hijo pródigo de la parábola del evangelio de hoy se hubiera hecho mayor, incluso viejo, recordaría muchas veces aquellos años de juventud lejos de Dios...

al tiempo que vendría a su mente con igual viveza y mayor impresión la infinita misericordia de su padre, capaz de perdonarle todo. Es más, sería precisamente la cálida consideración de la compasión sin límites del Dios todopoderoso lo que le consolaría al sopesar tantas acciones de una juventud alocada guiada por el desamor y el egoísmo.

En el salmo responsorial de la Misa de hoy contestamos diciendo: *gustad y ved qué bueno es el Señor* (*Sal* 39, 9). Así razona el pecador arrepentido, y con mucha mayor razón debe concluir lo mismo el que nunca ofendió a Dios gravemente, porque si no caemos es –como afirmaba santa Teresita del Niño Jesús– porque Dios apartó la piedra antes de que tropezáramos en ella. Si te encuentras entre los primeros, agradece a Dios su misericordia, agradécele la inmensidad de su corazón, que te acoge, que te perdona sin resentimiento. Dile que no quieres dejarle nunca más, que quieres ser un hijo fiel. Si eres de los que nunca han dejado la casa del Padre, da muchas gracias a Dios por su continuo auxilio. Si no fuera por eso... Y no dejes de repetirle –¡muchas veces!– que no quieres acostumbrarte, que no quieres perder de vista el maravilloso tesoro que Él te ha dado: *tú estás siempre conmigo y todo lo mío es tuyo* (*Lc* 15, 31).

3. Cuando Marcos salió de la sala de quirófanos aún estaba dormido. Su madre aguardaba tensa los resultados de la intervención. Todo perfecto. Un diez. La recuperación será rápida, las secuelas nulas y la salud de hierro. Carmen, sentada, contemplaba a su hijo veinteañero, aún bajo el sopor de la anestesia. Sabía que era un buen chico, pero nunca pudo imaginar que lo fuera tanto... Cuando comenzó a espabilarse, muy poco a poco, aún medio inconsciente y como ido, se empezaron a escuchar sus primeras palabras. Carmen aguzó el oído y se acercó a Marcos: «perdónanos nuestras ofensas, perdónanos nuestras ofensas...», repetía sin cesar. Cuando pareció que se hubo cansado, inició de nuevo su letanía: «¡Jesús! por Lorena, Manuel, Ignacio, Teresa, Alba...». Lorena era su novia; el resto sus hermanos y amigos... ¡Estaba ofreciendo todo por ellos!

Piensa –lo decíamos al principio– que el cuerpo guarda memoria de lo que obramos, hasta tal punto que aun inconscientemente podemos llegar a hacer el bien. Basta que seamos capaces de luchar por vivir siempre en el amor, en el servicio a los demás.

El hijo pródigo inició ese camino cuando decidió volver a la casa del padre. Lo puedes contemplar pensando despacio en la parábola tan bellamente narrada por Lucas.

El hijo mayor quizás se dio cuenta de la necesidad de volver cuando escuchó las entristecidas palabras de su Padre, sorprendido por la ingratitud de su primogénito. Desde ese día no se volvió a escuchar lamento en cuantos habitaban aquella casa... ¿Y de nosotros?, ¿se puede decir lo mismo?

LUNES IV SEMANA DE CUARESMA

1. Los sueños de un enamorado.

2. El amor puede cambiarlo todo.

3. Dar espacio al amor de Dios para que pueda cambiarte.

1. No había pasado ni un mes desde que comenzó a salir con aquel muchacho que, todo hay que decirlo, parecía muy buen chico, y ya habían pasado por su imaginación mil y una situaciones y planes con él. Había ya pensado en cómo irían a la casa de su familia en la sierra, en cómo celebrarían su cumpleaños, las vacaciones... Por supuesto, cuándo conocería a sus padres y a sus hermanos. Y sobre todo las horas se le hacían segundos cuando estaba con él. Atropelladamente, por la emoción, me contaba todo a la vez haciendo casi imposible aclararse con algo. Era evidente que se había enamorado, y con fuerza. Menos en el desorden de las frases, lo demás lo puedes encontrar en la primera lectura de hoy.

Dios anuncia lo que va a hacer: *Voy a crear un cielo nuevo y una tierra nueva; de las cosas pasadas ni habrá recuerdo ni vendrá pensamiento. Regocijaos, alegraos por siempre por lo que voy a crear: yo creo a Jerusalén «alegría», y a su pueblo «júbilo»* (*Is* 65, 17-18). Se muestra prendado de su pueblo, sueña con estar con él y compartir ese gozo: *Me alegraré por Jerusalén y me regocijaré con mi pueblo* (*Is* 65, 19). Y hace planes, planes propios de enamorado que imagina la vida con quien ama: *Construirán casas y las habitarán, plantarán viñas y comerán los frutos* (*Is* 65, 21). Así proyecta Dios la vida nueva de su pueblo y su alegría compartida.

¿Has pensado alguna vez que tú estás en esos sueños de Dios? ¿Que el Señor sueña contigo, piensa en ti, que estás en su mente y en su corazón? ¿Y que desea compartir esos proyectos de su corazón contigo? Solo considerar esto te llevará al sobrecogimiento que produce descubrir el amor verdadero, y más cuando se trata de Dios.

2. ¿Quieres un buen termómetro para el amor? Sin duda lo tienes en la atención y preocupación por el bien de la persona amada. Es propio del que quiere colmar de atenciones y detalles a la persona a quien se ama. Estar pendiente de lo que le agrada, de lo que necesita, de aquello que le gusta y hace feliz, todo eso es propio de un corazón enamorado. Y no es distinto en el amor divino. Por eso no es de extrañar que para su pueblo el amor de Dios sea causa de toda clase de beneficios: *Ya no se oirá en ella llanto ni gemido; ya no habrá allí niño que dure pocos días ni adulto que no colme sus años* (*Is* 65, 19-20). Se cumplen las palabras del salmo de la misa: *Cambiaste mi luto en danzas* (*Sal* 29, 12). El amor de Dios cambia a su pueblo, cambia su situación de desgracia por el cumplimiento de la promesa de vida. A Israel –permíteme la expresión– le ha tocado la lotería. Nada había en aquel pueblo merecedor de tal amor de Dios, no era el más sabio, ni el más fuerte, ni el más numeroso, y sin embargo fue elegido como objeto de su complacencia.

También a ti te ha tocado la lotería con el amor que Dios te tiene. Porque tú tampoco lo mereces, ni hay nada en ti que sea digno de ser amado por Dios que no haya puesto antes para adornarte. El amor de Dios te es ofrecido sin que lo preceda nada meritorio por tu parte. Por eso da gloria a Dios, agradécele su predilección por ti. Haz tuyas las palabras del salmo 29: *Te ensalzaré Señor, porque me has librado*.

3. El evangelio de Juan presenta a un funcionario real que busca a Jesús para que cure a su hijo enfermo en Cafarnaúm. El encuentro sucede en Caná de Galilea, donde Jesús había cambiado el agua en vino. Ahora aquel padre le pide que cambie en su hijo la muerte por la vida. Ante la insistencia del funcionario, Jesús termina por decirle: «*Anda, tu hijo vive*». *El hombre creyó en la palabra de Jesús y se puso en camino* (Jn 4, 50).

Aquel funcionario del rey no necesitó tener ya la prueba de la curación de su hijo, que se hallaba enfermo lejos de donde él se encontraba, le bastó la palabra de Jesús para ponerse en camino. Luego obtendrá la confirmación, cuando le informen de que la mejoría comenzó en el mismo momento en que el Señor le había dicho que su hijo viviría (cfr. *Jn* 4, 51-53). El hombre creyó que Jesús podía curar a su hijo, por eso fue a buscarlo a Caná de Galilea, y creyó que su palabra bastaría para sanarlo, por eso se puso en marcha de regreso a su casa. La fe le guía, le hace caminar para encontrar a Jesús primero, y luego para encontrar a su hijo con la salud recobrada.

Dios tiene la fuerza suficiente para cambiar las cosas; es la fuerza de su amor. La cuestión es si tú crees en esa fuerza. Si crees en que Dios puede cambiarte con su amor. Si crees que Él de verdad puede curarte. Tener fe es el punto de inicio de este camino de salvación. El amor de Dios necesita de tu fe para hacerse eficaz en tu vida. Como ha dicho el papa Francisco: «La fe es dejar espacio a este amor de Dios; es dejar espacio al poder, al poder de Dios, al poder de alguien que me ama, que está enamorado de mí y desea la alegría conmigo. Esto es la fe. Esto es creer: es dejar espacio al Señor para que venga y me cambie»[1]. ¿Le darás ese espacio a Dios? ¿Dejarás que te ame con locura y cambie tu luto en danza, tus heridas en saludo, tu muerte en vida?

---

[1] PAPA FRANCISCO, *Meditación* (16-03-2015).

MARTES IV SEMANA DE CUARESMA

1. El paso de Dios por nuestra vida.

*2. Nosotros somos el transcurrir de Dios
por la vida de los demás.*

*3. Pero hay que estar advertidos: los fariseos
ni veían pasar a Dios ni lo dejaban pasar.*

1. El escenario donde se desarrolla el evangelio de hoy nos lo podemos imaginar perfectamente. Piensa en una piscina de dimensiones enormes, que era además muy profunda. Allí los judíos solían lavar a las ovejas antes de conducirlas al templo para ser sacrificadas (cfr. *Jn* 5). Estaba rodeada por cuatro pórticos, y tenía un quinto pórtico que atravesaba la piscina. Allí podían todos resguardarse de la lluvia y del sol; todos, no solo las ovejas, porque en esta piscina –conviene tenerlo en cuenta– no solo había animales. Desde hacía mucho tiempo existía la convicción de que las aguas de Betesda tenían poderes curativos, así que el lugar estaba atestado de enfermos. Para gustar la fuerza sanadora de la piscina, era necesario sumergirse el primero cuando la superficie del agua se movía. Como es lógico, en el momento en que eso sucedía –y era muy de tanto en tanto– los que se agolpaban a su alrededor se precipitaban en una carrera desesperada. Imagínate la escena: los cojos arrastrando su extremidad malsana; los ciegos golpeándose contra todo y contra todos, guiados únicamente por el rumor del agua; los paralíticos reptando desesperados por el suelo...

Es llamativo que Cristo quisiera estar en un lugar así, pero lo hizo. Jesús en medio de los pobres. Fíjate bien: cuando llegó, nadie dijo nada. ¿Acaso iba con frecuencia? Se acercaba a la piscina una fuerza mucho más poderosa que la del agua, pero ninguno gritó cosa alguna. La gracia de Dios llama a los corazones, entonces como hoy, consoladora y firme en el silencio.

En el otro extremo del recinto, se encuentra un paralítico desanimado por sus treinta y ocho años de espera. Pobre y desgraciado, que no llegaba a tiempo cuando las aguas se movían. Demasiado lento. Nunca llegó y nunca llegaría. No hizo falta. Fue Cristo quien se acercó a Él para insinuarle la curación. El Señor, profundamente humano, cercano. Ante pasajes como este, viene a la cabeza con inevitable fuerza la reflexión de san Josemaría: «Me comentabas que hay escenas de la vida de Jesús que te emocionan más: cuando se pone en contacto con hombres en carne viva..., cuando lleva la paz y la salud a los que tienen destrozados su alma y su cuerpo por el dolor... Te entusiasmas –insistías– al verle curar la lepra, devolver la vista, sanar al paralítico de la piscina: al pobre del que nadie se acuerda. ¡Le contemplas entonces tan profundamente humano, tan a tu alcance! –Pues..., Jesús sigue siendo el de entonces»[1].Sí,

---

[1] *Surco*, 233

Jesús sigue siendo el de entonces, y por eso el evangelio no nos deja indiferentes.

2. El interés de Cristo por las enfermedades, los problemas y los pecados de los hombres no se apagó en la piscina de Betesda. Él quiere pasar por en medio de cualquier desgracia que aqueje a las personas. Él es quien te pregunta si deseas ser curado. A Jesús le atrae nuestra vida, nuestro estado de ánimo, nuestra esperanza… pero muchas veces no le escuchamos. Está deseando hacernos caminar, hacernos crecer… pero somos incapaces de prestarle atención.

Es habitual que con frecuencia nos desanimemos, y tal vez deberíamos considerar si no tendrá que ver con la incapacidad de contar con Cristo a la hora de resolver nuestras dificultades. Dejamos que los pensamientos se curven sobre sí mismos, y estamos de continuo dando vueltas a nuestras preocupaciones. Así, cuando nos van bien las cosas estamos felices y volvemos con nuestra inteligencia e imaginación sobre esos hechos que nos dan tanta satisfacción… En cambio, cuando los asuntos de la vida no transcurren favorablemente, ese monólogo se torna radioactivo. Nos inquietamos, buscamos refugio en buenos recuerdos del pasado, nos cuesta vivir el momento presente.

El panorama es muy distinto cuando contamos con Jesucristo. Siempre es momento favorable. En los instantes buenos, Él nos ayuda a moderar nuestro orgullo y a ahuyentar toda sombra de presunción. Cuando llega la contrariedad, Cristo nos enseña a perseverar en la lucha y a poner amor si el entusiasmo se apaga; acude solícito y nos pregunta, como al paralítico, si deseamos ser curados. Hoy, como en la piscina de Betesda, tan solo pide una cosa: tu respuesta confiada. ¿Qué necesitas?

3. Es muy probable que el milagro más grande que tiene lugar en la escena evangélica de hoy sea justamente ese que no se narra. El paralítico llevaba toda una vida tirado junto a una piscina, y con razón podemos pensar que ese hombre hacía mucho tiempo que había perdido cualquier atisbo de esperanza.

Cuando llegó por primera vez, lo haría lleno de ilusión. Alguien –quizá un amigo– le había dicho que fuera allá, que seguro que podría curarse. Estaba entusiasmado. ¡Volveré a andar!, pensaría. Pasaban los días, y no lo conseguía… Podían transcurrir meses antes de que se movieran las aguas… y, cuando por fin se agitaban, su propia lentitud siempre le ocasionaba el mismo infortunio… Y así meses, años… Poco a poco, su corazón, como sus miembros, quedaría también paralítico.

Ya no quería nada, ya no pensaba en nada. Llegó al punto de no saber ni siquiera por qué seguía en la piscina. Había pasado tanto tiempo que ya no tenía otro sitio adonde ir. Al menos allí alguien le echaba algo de comer. Una vida horrible, la suya. Pero no conocía otra. Junto a la desesperanza, la soledad. Deseaba que alguien le ayudara, pero no lo encontraba. *Señor, no tengo a nadie que me lleve a la piscina* (*Jn* 5, 7), respondió a Cristo sin sospechar que Él mismo le curaría…

¡Cuánta gente a tu alrededor está esperando que tú les lleves también a la gracia de Dios! Tu aula de la universidad o del colegio, tu lugar de trabajo y tu propia familia son quizá una inmensa piscina llena de personas que aún no han conocido la potencia y la alegría de la gracia de Dios. El desánimo del paralítico salpica aun hoy a muchas conciencias, algunas muy cercanas a ti. Mucha gente espera que una persona de fe tenga la caridad de hablarles de Dios y de conducirles a Él. Un comentario positivo, un consejo cristiano, una palabra de apoyo, sencillamente rezar por ellos...

¡Ojalá quien esté cerca de ti pueda decir un día que él sí tuvo a alguien! Que encontró a un amigo que le ayudó a curarse... porque una jornada cualquiera le invitaste a que se confesara, acudiera a una charla o participara en un retiro. Ese día su vida cambió, gracias a ti... o, mejor dicho, gracias a Dios, que obró a través de ti.

MIÉRCOLES IV SEMANA DE CUARESMA

1. ¿Aún quedáis los que creéis en Dios?
2. Diversos modos de vivir al margen de Dios.
3. Dejar espacio para la sorpresa.

1. Hace unos años me sucedió algo gracioso por no prestar atención a los conciertos y eventos que se organizan en Madrid. Aprovechando la hora de cierre tardía de un centro comercial, situado no muy lejos de la parroquia en que me encontraba entonces, fui a hacer la compra. Al llegar a los alrededores, empecé a ver más y más gente. Algunos vestidos estilo heavy metal con camisetas y demás atrezos. Resultó que en la Plaza de Toros que había sobre el centro comercial tocaba esa noche una conocida banda de rock fundada en 1965. Al pasar junto a un grupo uno se queda mirándome y al verme vestido de sacerdote me dice: «¿Aún quedáis?». Yo me detuve, le sonreí, y como vi que todos me doblaban en edad les saludé amablemente y pensé que lo sorprendente es que quedaran ellos. ¿Por qué te cuento esto? Porque refleja bien el modo de pensar de mucha gente de hoy respecto de Dios y de todo lo que tenga que ver con Él. Piensan que es algo del pasado, algo que ya no tiene cabida en el mundo.

Pues bien, lo primero que te dice Jesús en el evangelio es justamente lo contrario: *Mi padre sigue actuando y yo también actúo* (*Jn* 5, 17). No faltarán quienes proclamen que Dios no tiene sitio hoy en la sociedad y en el mundo. Algunos lo dirán con más disimulo, afirmando que el lugar de la religión es exclusivamente el ámbito privado. Pero lo cierto es que muchos viven de espaldas a Dios, como si no estuviera ni existiera. En cambio, tú y yo sabemos que no es así. Dios está vivo, entró en la historia para quedarse. Lo sabes porque te lo ha dicho el mismo Cristo, pero también porque lo has experimentado.

2. Pero no solo se puede vivir al margen de Dios proclamando a los cuatro vientos que no existe, o manifestando ostentosamente rechazo a todo lo religioso de esta manera. Hay maneras más sutiles. En el evangelio tienes un ejemplo de esto en esos judíos que *tenían ganas de matarlo: porque no solo quebrantaba el sábado, sino también llamaba a Dios padre suyo, haciéndose igual a Dios* (*Jn* 5, 18). Bajo capa de defender la dignidad y la trascendencia de Dios se niegan a reconocer a su enviado.

¿Cuál es el problema de aquellos judíos? ¿Acaso no acaban de ver a Jesús curar a un lisiado que llevaba casi cuarenta años paralítico? ¿Cómo no ven ahí el poder de Dios? Ven, pero no entienden. O, mejor dicho, ven, pero reinterpretan mal lo que ven, porque tienen ya tomada una postura a la que todo ha de someterse. Ellos ya han decidido qué puede y qué no puede hacer Dios. Ya han decidido de antemano cuál es una acción de Dios y cuál no. Y el criterio de esta decisión es la Ley tal y como ellos la explican. De modo que no reconocen a aquel que dispuso el descanso sabático como un precepto para que los israelitas dieran gloria a Dios y reposaran de sus trabajos; no le reconocen la capacidad para llevar ese precepto más allá de lo estrictamente mandado. Digamos que aferrándose a lo que Dios les dio y reveló han cerrado ya la puerta a cualquier profundización ulterior. Han convertido a Dios en un fósil, en una reliquia del pasado a la que veneran, pero a la que dejan al margen de la vida real.

Jesús habla y trae consigo una relación con Dios siempre viva. Dios quiere estar a tu lado no como un recuerdo o una fotografía del pasado, por muy bonita que sea. Quiere estar a tu lado como una presencia y una compañía activa, que te ayuda y sostiene, que te consuela y se alegra con tus victorias. Dios es el que vive. No le trates como a un recuerdo del pasado ni como una idea trascendente ni como un buen ejemplo. Trátalo como Él se te ha presentado, como alguien que vive y que viene a tu encuentro para compartir tu existencia.

3. Dijo Goethe acerca de la vida en una de sus obras: «Si la mañana no nos desvela para nuevas alegrías y, si por la noche no nos queda ninguna esperanza, ¿es que vale la pena vestirse y desnudarse?». La vida sin margen para la sorpresa, para algo nuevo que esperar se hace insoportable. Y esto, si lo piensas, sucede con todo, desde lo más trivial a lo más profundo. Desde un partido de fútbol hasta tu propia vocación. Si no hay espacio para la sorpresa, para lo nuevo, lo inesperado, entonces ¿vale la pena? ¡Qué desdicha tenerlo todo bajo control! O al menos pensar que así es o debe ser. Cuántas personas se hacen tan desdichadas al intentar controlar su propia vida por entero, la de sus hijos, y la de los demás seres queridos... Dale gracias a Dios porque es imposible tal control, porque siempre estamos en sus manos y eso es mucho mejor que estar en las propias.

Si lo piensas, en tu vida interior no sucede de manera distinta. Si no dejas en ella margen para lo inesperado, para que Dios pueda actuar y sorprenderte, ¿vale la pena? Si metes a Dios en tus esquemas, si lo reduces a lo que puedes hacer, pensar o sentir, al final te cansarás de Él como te cansas de todo aquello que termina encasillado. No quiero decirte con esto que no haya que tener unas prácticas de piedad que uno hace a diario, un plan de vida espiritual que te ayude a tratar a Dios. Pero sí quiero advertirte de que la relación con Él no es cosa de autómatas. Si la conviertes en mera repetición de actos sin dejar espacio para que suceda algo nuevo estarás matando la vida interior. No decidas de antemano lo que Dios te puede decir o pedir, no lo encasilles en tus esquemas e ideas. Déjale ser Dios en tu vida. No cierres la puerta a lo inesperado. No trates de tenerlo todo controlado. Dios quiere sorprenderte, llevarte por caminos que ni imaginas, no se lo impidas. No te arrepentirás.

JUEVES IV SEMANA DE CUARESMA

1. Quisieron gozar de la luz, pero no ver lo que iluminaba.

2. Nada es más deleitable y deseable que Dios.

3. Algo en lo que Kant tenía mucha razón.

1. Continúa Jesús en el evangelio de hoy con su larga diatriba contra aquellos judíos que, habiendo presenciado la curación milagrosa del paralítico que llevaba más de treinta años echado en la piscina de Betesda, se obstinan en rechazarle y en rechazar su enseñanza. No hacen caso del testimonio que constituyen las obras que hace entre ellos. Ni tampoco han hecho caso de Juan el Bautista, que ha dado testimonio de la verdad con su vida. *Juan era la lámpara que ardía y brillaba, y vosotros quisisteis gozar un instante de su luz* (Jn 5, 35). Porque aquella luz era para poder descubrir al Mesías en Jesús, tal como hicieron Juan y Andrés y con ellos tantos otros que siguieron las indicaciones del Bautista. Era lámpara para que viesen, no a él mismo, sino al que venía detrás de él. Quedarse en la lámpara y gozar de ella fue su pecado.

No pienses que es algo menor. Al contrario, como dice san Agustín: «toda perversión humana, que se llama también vicio, consiste en querer usar de lo que debe gozarse, y gozar de lo que debe usarse. Y a su vez, toda rectitud, que se llama también virtud, consiste en gozar de lo que debe gozarse, y usar de lo que debe usarse. En efecto, ha de gozarse de lo que es honesto, y ha de usarse lo que es útil»[1]. Piénsalo. Saber qué es lo que hay que gozar, y qué lo que es solo un medio para alcanzar algo, resulta capital. La mayoría de nuestros pecados radican en esa confusión de medios con fines y de fines con medios. Conviene que lo medites con calma y que le pidas a Dios luz para ver y distinguir una cosa de la otra.

2. El hombre ha sido creado a imagen y semejanza de Dios para conocer y amar a su creador y gozar de él. Tú has sido creado para esto. Dios te ha hecho capaz de buscarle y de conocerle para que encuentres en Él el verdadero gozo que sacia tu corazón. Tu entendimiento se te ha dado para que uses de él y puedas llegar a conocer a Dios y así amarlo y alegrarte en Él. Lo mismo tu corazón y tu sensibilidad alcanzan en lo divino su gozo auténtico. Parece evidente, pero en la práctica lo olvidamos: nada hay más deseable para ti que Dios. En él está la mayor alegría y el gozo verdadero.

Resulta claro entonces por qué es la falta mayor poner en el lugar de Dios aquello que no es Dios. Y orientar hacia esa criatura, ya sea una persona, el dinero, o nuestro orgullo, el amor y el deseo de nuestro corazón. Da igual lo que ocupe el lugar de Dios, el resultado será perverso. Aquellos judíos habían colocado en este puesto a la Ley y la interpretación que de ella hacían. Y, aunque aquella ley venía del mismo Dios, no era Dios, y por eso

---

[1] San Agustín. *Ochenta y tres cuestiones diversas*, 30.

termina por impedirles alcanzar a Jesús en quien la Ley encuentra su plenitud y en la que ellos hallarían su gozo verdadero. No importa si en el lugar de Dios dejas que se instale algo bueno –un amor humano, una noble aspiración, lo que sea–, pues si no es Dios no podrá darte lo que más deseas.

Piensa si no hay en tu alma alguna criatura que desordenadamente ocupa en tu corazón un lugar que no le corresponde. Considera si no hay algo en lo que pones aquellos anhelos que son solo para Dios. Y pídele a tu Creador el coraje para expulsar, como hizo Jesús en el templo con los mercaderes, eso que invade lo que únicamente debe ser de tu Señor.

3. La sentencia de san Agustín también apunta en otra dirección que conviene tener en cuenta: confundir lo que es el fin con un medio, lo que está hecho para gozar con un medio para usar. Puede suceder incluso con Dios mismo. Por ejemplo, cuando nos acordamos de Él solo cuando tenemos un problema para ver si nos lo arregla. Al hacer esto, quizá sin quererlo, convertimos a Dios en un medio que pretendemos usar para obtener algo, ¡cuando es Él el único al que deben orientarse nuestras acciones!; o cuando usamos las cosas de Dios para tranquilizar nuestra conciencia, justificar nuestra forma de pensar o de actuar. Piensa si no te sucede algo de esto en alguna ocasión. A los judíos con los que habla Jesús hoy en el evangelio desde luego también les pasaba. Usan de Dios y de su Ley para justificar su mentalidad y su forma de obrar. Que su ejemplo –que es en realidad un contraejemplo– te ayude a no olvidar que Dios y lo que Él nos da no es para que lo usemos de cualquier manera, sino para que gocemos de Él y orientemos todo lo que pensamos, sentimos y hacemos hacia Dios.

También esta confusión afecta al orden natural y a las relaciones entre las personas. Aquí es perfectamente válida aquella sentencia de Kant: «Obra de tal modo que trates a la humanidad, tanto en tu persona, como en la de cualquier otro, siempre como un fin al mismo tiempo, nunca solamente como un medio»[2]. Piensa si en tu modo de relacionarte con los demás, o de considerarlos, lo haces en función de tu interés o de lo que puedes obtener de ellos. Piensa si no tratas a veces a los demás de manera utilitaria. Entonces recuerda que Dios te ha creado, no en soledad, sino para que vivas con otros y en su compañía encuentres el sentido de tu vida. Dios te ha creado y ha creado a los otros para un mismo destino: que gocéis de su bienaventuranza. Por eso de ningún modo te es lícito usar de otra persona, de su cuerpo, o de tu cuerpo propio, como medio para satisfacer tus deseos. Los otros, como tú, no son un medio para usar, son alguien con quien compartir el gozo auténtico de la amistad, del amor verdadero y honesto, y, en definitiva, del camino hacia Dios.

---

[2] E. Kant, *Fundamentación para una Metafísica de las costumbres*.

VIERNES IV SEMANA DE CUARESMA

1. *La persecución acompaña a los discípulos como acompañó al maestro.*

2. *El tiempo y la historia no pertenecen a los perseguidores.*

3. *Bienaventurados cuando os persigan por mi causa.*

1. La persecución acompaña a los discípulos de Jesús del mismo modo que acompañó la vida de Cristo hasta la cruz. Hoy el evangelio nos da noticia de algo ya conocido por los judíos que se encontraban en Jerusalén para celebrar la fiesta: los planes homicidas hacia Jesús que traman los dirigentes del pueblo. *¿No es este el que intentan matar?* (*Jn* 7, 25), se preguntan al verle en la ciudad santa. Y el de Jesús no es un caso aislado en la historia. La misma suerte corrieron los profetas. La primera lectura, del libro de la Sabiduría, nos ofrece la descripción del justo perseguido por el mero hecho de su justicia: *Acechemos al justo, que nos resulta fastidioso: se opone a nuestro modo de actuar, nos reprocha las faltas contra le ley y nos reprende contra la educación recibida; presume de conocer a Dios y se llama a sí mismo hijo de Dios. Es un reproche contra nuestros criterios, su sola presencia nos resulta insoportable* (*Sb* 2, 12-14).

No hay, en el fondo, otra razón para la persecución del justo que la expresada en el libro de la Sabiduría: la misma presencia de alguien que busca vivir conforme a la verdad y la rectitud en el nombre de Dios es insoportable para aquel que se ofusca en sus pecados. Así sufrió el Señor la persecución hasta la muerte y así la han sufrido tantos mártires que a lo largo de la historia han permanecido fieles a Jesús.

Pero la persecución por ser cristiano no es cosa del pasado ni mucho menos. Hoy muchos hermanos tuyos la sufren en tantísimos lugares donde ser cristiano es causa de discriminación o directamente de persecución violenta. No olvides que muchos discípulos de Cristo no pueden practicar libre y abiertamente su fe y que algunos al hacerlo se juegan literalmente su vida. No te olvides de ellos. Tenlos muy presentes en tu oración. Comparte su sufrimiento, que es el de Cristo, pues Él está siempre con sus hermanos más pequeños.

2. Podría parecer que la historia es de los perseguidores, de los fuertes del mundo que se imponen por la violencia. Nada más lejos de la realidad. Atiende a estas palabras –un tanto enigmáticas– de san Juan: *Entonces intentaban agarrarlo; pero nadie le pudo echar mano, porque todavía no había llegado su hora* (Jn 7, 30). La hora no la marcan los verdugos. La pasión y muerte de Jesús no es algo sobrevenido trágicamente ante lo que no pudo hacer nada. A veces se habla de su vida y de su ministerio público como una primera época de éxito, de acogida entre los judíos, a la que siguió un progresivo desencuentro hasta desencadenar su muerte. Como si Cristo en todo ello fuera un actor pasivo en manos de los hombres. No, la hora no la marcan los fariseos, ni los saduceos, ni Herodes, ni nadie semejante. La hora de la que habla Juan remite a Dios, es de Dios. Es Cristo quien se entrega y da la vida. No se la arrebatan contra su voluntad; es Él quien la da libremente cuando llega esa hora. Es Cristo el Señor de la historia; Él es quien la escribe, quien la dirige, y quien vence en ella.

Por eso ten confianza en quien ha marcado esa hora que es la hora de la salvación. La historia –también tu historia– no la escriben los poderes de este mundo, está en manos de Dios. Esta certeza alienta a tantos testigos de la fe en el mundo y ha confortado a los mártires de todos los tiempos y lugares. Cristo no pierde batallas en sus hermanos atribulados y perseguidos, como tampoco perdió la batalla de la cruz. Él vence. Que esto sea también para ti fuente de ánimo y consuelo. Busca aquí el valor para hacer frente a quienes quizá te critican por ir a misa, o rezar. Pídele a Dios sobrellevar estas contradicciones con paz y alegría, cumpliendo el mandato de amar a quien te ofende o hace daño. Recuerda en todo momento que contigo está Jesús siempre a tu lado.

3. Detente un poco más en considerar esta compañía de Cristo cuando experimentas dificultades o algún tipo de ofensa por tu condición de seguidor de Jesús. Lo dice el Salmo de la misa: *Cuando uno grita, el Señor lo escucha y lo libra de sus angustias; el Señor está cerca de los atribulados, salva a los abatidos* (*Sal* 33, 18-19). Esta promesa la cumple Cristo por nosotros crucificado, por amor a ti y a mí. En la dificultad, en el dolor físico o moral, puedes alzar la mirada al madero y allí lo encontrarás, compartiendo tus sufrimientos.

El que ama quiere hacer partícipe de todo al amado, alegría y pena, éxito y fracaso. Así hace Jesús contigo.

Por eso, si también tú le quieres, dale la vuelta a lo anterior. Busca entonces compartir con Jesús todo, también el trago amargo de la cruz. Por eso piensa que esas pequeñas o grandes contrariedades, en especial las que padeces por su nombre, son una oportunidad preciosa de unirte a Jesús en la cruz; de encontrar en el madero fuente de amor y de consuelo. No es gusto por sufrir, ni gozarse en el dolor, sino una alegría y una paz interior que brotan de padecer con Cristo por la salvación de todos. Pídele a Jesús descubrir este tesoro escondido que cambia por completo la manera de afrontar las dificultades y en especial las ofensas que puedas soportar a causa de tu fe. Que te llene de alegría pensar que es ocasión para que se cumplan en ti aquellas palabras del Señor: *Bienaventurados vosotros cuando os insulten y os persigan y os calumnien de cualquier modo por mi causa. Alegraos y regocijaos, porque vuestra recompensa será grande en el cielo, que de la misma manera persiguieron a los profetas anteriores a vosotros* (*Mt* 5, 11-12).

SÁBADO IV SEMANA DE CUARESMA

1. El silencio es el portero de la vida interior.
2. Fariseo, guardia o Nicodemo...
3. Cada uno se volvió a su casa... y unos creyeron y otros no.

1. Los fariseos eran gente dura de verdad, o al menos eso parece indicar el evangelio de hoy. No solo no quieren creer en Jesús, sino que denigran a todo el que confía en Él. En esta ocasión, vituperan a los guardias del Templo que vienen fascinados con la figura de Jesús; insultan a los que no saben de la Ley, diciendo que son unos malditos; y finalmente vilipendian también a Nicodemo, que después de sus encuentros con Jesús se decide a salir tímidamente en su defensa.

Si afinamos nuestra conciencia y tratamos de recogernos en nuestro corazón, si escuchamos a Dios en nuestra oración y en nuestra vida cotidiana, pronto podremos decir como los guardias del templo: *Jamás ha hablado nadie como ese hombre* (*Jn* 7, 46). Esos guardias eran gente normal –como tú y como yo– que acudieron a ver a Jesús con una misión muy concreta: arrestarle para que sus jefes lo juzgaran. No fueron capaces de cumplir el encargo porque le escucharon predicar, porque le vieron actuar… porque a sus oídos llegó la dulce palabra de Dios y ¡porque a causa de su sencillez eran capaces de reconocer lo que sus ojos veían!

Nosotros, como ellos, vamos al encuentro de Jesús, si bien nuestra motivación no es arrestarle sino tratarle. Si es así, entonces… ¿por qué me cuesta tanto oír a Dios? ¿Por qué aquellos que fueron con malas intenciones salieron reconfortados y yo, que voy cada día, salgo muchas veces igual que entré?

Te diré la respuesta: «El silencio es como el portero de la vida interior»[1]. Segundo día de nuestra novena por alcanzar el sosiego interior. Luego, nuestras meditaciones irán por otros derroteros, pero tú seguirás luchando por dialogar de continuo con tu Padre Dios que tanto te quiere: una maravillosa preparación para la semana santa.

2. En el evangelio de hoy se distinguen tres clases de personas: en primer lugar, los fariseos, que han estudiado las Escrituras y han pasado miles de horas hablando de Dios e incluso a Dios. Han rezado mucho, y han estudiado más. Pero han empequeñecido al Altísimo transformándolo a su medida. No se adoran sino a sí mismos, y utilizan a Dios para sus fines. Jesucristo se alza frente a ellos como un enemigo que enseña al verdadero Dios que los arranca violentamente de su puesto tiránicamente adquirido.

Están, en segundo lugar, los guardias del Templo, que creen lo que han visto. Se sienten fascinados por Cristo, pues proclamaba la verdad de un modo único.

---

[1] San Josemaría Escrivá, *Camino*, 281.

Parece que no sabían mucho, pero su sencillez, virtud básica para la fe, les permitió conocer a fondo la verdad.

Finalmente, está Nicodemo, que había estudiado la ley y además quería a Jesús. Era culto y, a la vez, sencillo. No se dejó atrapar por el lazo fariseo; su ciencia no lo separó de Dios. Fue humilde.

Examina cuál es tu caso. Quizá hayas aprendido mucho en el colegio, en la universidad, en la familia. Sabes muchas cosas, pero creerlas de verdad es distinto: observa el caso de los fariseos. Si no quieres ser como ellos, ojo con la conducta del «cumplimiento», que no conoce la urdimbre amorosa de cada verdad de fe. Cuídate del comportamiento farisaico.

Es posible que seas más bien como los guardias. Una fascinación repentina acerca de Jesús ha tocado tu vida, pero realmente conoces poco de Él. Acabas de empezar. Toca formarse y mantener ese querer tuyo, esa ilusión por tratar más a Jesús que poco a poco dejará de ser un mero sentimiento para convertirse en un movimiento de tu corazón.

También puedes ser como Nicodemo: gozas de una formación exquisita y, además, eres encendido y quieres amar más al Señor. Si eres de esos, pídele a Dios ser más valiente, más candoroso, más comprometido… y eleva una intensa acción de gracias.

¡Cuántos propósitos podrás sacar del silencio de tu oración si consideras de cuál de estos tres –fariseos, guardias o Nicodemo– estás más cerca!

3. El evangelio concluye diciendo que *se volvieron cada uno a su casa* (*Jn* 7, 53). Cada uno retornó a sus afanes y podemos preguntarnos qué fue de ellos.

Tanto los fariseos como Nicodemo se mantuvieron firmes en sus convicciones. Lo sabemos por el desenlace final: la clase privilegiada causará la muerte al Señor por su acusación, mientras Nicodemo dará la cara por Él.

De los que no sabemos mucho es de los guardias del Templo. Si en su casa encontraron un ambiente favorable, alguien que ya había abrazado a fe o una persona capaz de darles criterio… es muy probable que engrosaran las filas de los seguidores del Nazareno. Si, por el contrario, en sus hogares hallaron un ambiente disoluto y disperso, es fácil pensar que pronto se les olvidó el grato recuerdo del conocimiento de Cristo.

Dios deja siempre margen a libertad humana para el ejercicio de la fe. Un ambiente positivo es decisivo para poder llegar a una respuesta afirmativa. Es el momento de preguntarnos si nuestros amigos o familiares vacilantes –como aquellos guardias– encuentran en nosotros el apoyo cálido de nuestra fe vivida. Es el momento de examinar si incluso nosotros mismos nos rodeamos de tierra buena, para que pueda crecer la preciosa simiente de la fe.

DOMINGO V DE CUARESMA CICLO A

1. Un signo demasiado grande.

2. Jesús no se resigna frente al pecado.

3. Te sujetan lo mismo pesadas cadenas que suaves vendas.

1. El último domingo antes del Domingo de Ramos la liturgia de la misa nos ofrece el relato de la resurrección de Lázaro. Se trata de la cima de todos los signos realizados por Jesús, así al menos lo presenta san Juan justo antes de comenzar el relato de la Pasión. La misma reacción de la gente nos da noticia del impacto que causó entre los judíos; nos dice el evangelista que *muchos judíos que habían venido a casa de María, al ver lo que había hecho Jesús, creyeron en Él* (*Jn* 11, 45). Y en sentido contrario, los jefes del pueblo se deciden a matar a Jesús después de este prodigio, y no solo a Jesús, sino también a Lázaro, porque muchos creían al verle vivo (cfr. *Jn* 11, 53; 12, 10).

Pero, ¿por qué este lugar destacado? ¿Acaso no había resucitado antes a otros, por ejemplo, a la hija de Jairo o al hijo de aquella viuda? Para entender y profundizar en el valor de este acontecimiento conviene que consideres con tranquilidad algunos hechos y circunstancias que se entrelazan en este episodio y que te dejes sobrecoger por ellos.

Primeramente, date cuenta de que Lázaro era un personaje relevante, conocido por muchos, a cuyo entierro y velatorio se acercó una multitud. Los que vieron lo sucedido fueron no unos pocos sino cientos de judíos. Además, Lázaro llevaba ya cuatro días muerto e incluso olía mal, los signos de la muerte no podían ser más claros y ciertos. Y sobre todo está la actitud de Jesús, cargada de ternura y a la vez de majestuosidad. Él se presenta como auténtico Señor de la vida cuando proclama: *Yo soy la resurrección y la vida* (*Jn* 11, 25).

Déjate entonces conmover y asombrar por la fuerza de este signo que es «demasiado grande, demasiado claramente divino para ser tolerado por los sumos sacerdotes, quienes, al conocer el hecho, tomaron la decisión de matar a Jesús»[1]. Y que, como en cientos de aquellos judíos, pídele a Dios que prenda en ti con más vigor la fe en Jesucristo.

2. Este relato de la resurrección de Lázaro nos ofrece la ocasión de observar a Jesús frente a la muerte y al pecado, ver cómo reacciona, cómo actúa, incluso de asomarnos a su corazón y conocer cómo siente. Jesús se conmueve ante la muerte de Lázaro. Cuando llega ante el sepulcro se echa a llorar (cfr. *Jn* 11, 35). Cristo llora por su amigo, porque lo quería de verdad. Llora porque la muerte ha hecho presa de su cuerpo. No pases por alto que tú también eres amigo o amiga de Cristo. Él te quiere como quería a Lázaro. Y, por eso, también llora

---

[1] Papa Francisco, Ángelus (06-04-2014). También lo que sigue.

cuando la muerte hace presa en tu alma por medio del pecado. Jesús llora cuando te abandona la vida verdadera y te sumes en la oscuridad de tus malas acciones o torcidos pensamientos. Llora por ti, y llora porque sabe que solo cuando entre en el sepulcro, y guste en su carne la muerte, podrá sacarte de allí. Jesús ha bajado al sepulcro porque tú y yo estábamos muertos por nuestros pecados. Quizá con meditar esto repetidamente bastase para toda tu oración de hoy. No pases deprisa sobre esto. Jesús llora por ti. Dios llora: deja que te conmueva.

Pero el llanto de Jesús no es de impotencia porque, como nos enseña el papa Francisco: «Cristo no se resigna a los sepulcros que nos hemos construido con nuestras opciones de mal y de muerte, con nuestros errores, con nuestros pecados. Él no se resigna a esto. Él nos invita, casi nos ordena salir de la tumba en la que nuestros pecados nos han sepultado. Nos llama insistentemente a salir de la oscuridad de la prisión en la que estamos encerrados, contentándonos con una vida falsa, egoísta, mediocre. "Sal afuera", nos dice, "sal afuera"». Ningún sepulcro es demasiado profundo para que no puedas ser sacado de él, ningún pecado es demasiado grave para que no pueda ser perdonado. Así es el poder de Dios; así es su misericordia. Por muchas que sean tus culpas, por muy malolientes tus pecados, Él, que es Señor de la vida, te llama a salir y a entrar en la vida nueva que te ofrece. Jesús no se resigna con tus pecados y te invoca, ¿te resignarás tú y renunciarás a salir del sepulcro?

3. Al meditar en cosas como las de hoy puede suceder que pongamos la mirada únicamente en lo «macro», es decir, en pecados y faltas graves, en las cosas importantes y decisivas de la vida, etc. Pero fíjate que, cuando

Lázaro sale del sepulcro, rescatado de la muerte por la palabra soberana de Cristo, lo hace con los pies y las manos atados con vendas, y la cara envuelta en un sudario, de manera que Jesús les tiene que decir: *Desatadlo y dejadle andar* (*Jn* 11, 44). No hay comparación entre la fuerza de la muerte y la de las vendas, pero también las últimas pueden impedir que Lázaro camine si nadie le libera de ellas.

También esto te puede pasar si descuidas las cosas pequeñas. Si por la gracia y la ayuda de Dios el enemigo no te logra atar con las pesadas cadenas de pecados graves, cuida de que no lo haga con suaves y aparentemente frágiles vendas como la comodidad, la desgana, las faltas de omisión, y cosas por el estilo. Se bastan para mantenerte sujeto y además sin la sensación desagradable de los fríos hierros, lo cual tiene el peligro de que te acostumbres a llevarlos y a vivir amordazado. También de las vendas con apariencia de seda te quiere liberar Jesús, para que camines y vivas con una libertad nueva de hijo de Dios. Pídeselo, y, como Lázaro, responde a su llamada.

DOMINGO V DE CUARESMA CICLO B

1. Oh, Dios, crea en mí un corazón puro:
nuestro lema hasta la Semana Santa.

2. También nosotros queremos ver a Jesús.

3. Jesús pide la vida a aquellos que quieren estar con Él.

1. *Oh, Dios, crea en mí un corazón puro* (*Sal* 50, 12). Así respondemos hoy al salmo de la Misa. Forma parte de la oración que compuso el rey David después de ser acusado por el profeta Natán de haber cometido un pecado muy grave. Probablemente conozcas la historia (cfr. *2 S* 11-12).

Algo no iba bien. Nos cuenta el segundo libro de Samuel que en los tiempos en que los reyes iban a la guerra, el rey David se quedó en casa. No quiso luchar con los suyos. Además, estaba perezoso, porque dice el texto sagrado que se levantó de la cama a media tarde y salió a pasear por las terrazas de su palacio. Desde ahí vio a Betsabé, la mujer un oficial del ejército llamado Urías, que estaba tomando un baño. Y le gustó mucho. David no supo guardar la vista, y mucho menos su corazón, porque a partir de ese momento se despertó en su ánimo un deseo por aquella mujer que fue incapaz de frenar. Tanto es así que mandó llevarla a su casa y pasó la noche con ella. Al poco tiempo, Betsabé le hizo saber que estaba embarazada. Inmediatamente, David mandó traer a Urías de la guerra y le invitó varias veces a que fuera a pasar la noche con su esposa. David quería que, con el tiempo, Urías pensara que aquel hijo era suyo. Pero Urías era honrado: mientras sus soldados estaban dando su vida en el campo de batalla, él no podía estar en casa felizmente con su mujer. Pidió volver al campo de batalla, y David tramó una traición para que cayera muerto, como de hecho ocurrió. Solo entonces el rey tomó a Betsabé como esposa.

Lógicamente, su maldad no escapó a los ojos de Dios. Como le quería mucho, le mandó al profeta Natán para que denunciara su pecado y se corrigiera. El profeta se presentó en palacio, mostró al rey David su grave culpa, y este, al comprender entonces la maldad que había cometido, compuso el Salmo 50. Es una oración preciosa cuyo mensaje central repetimos hoy como respuesta al Salmo de la Misa: *Dame, Señor, un corazón puro*.

David se dio cuenta –quizás nosotros también nos damos cuenta en nuestra oración– de que el pecado no fue algo casual, sino que brotó de lo profundo de su alma. Por eso, no le pidió a Dios únicamente hacer el bien, sino que le suplicó que le cambiara por completo el corazón: porque solo del corazón bueno salen cosas buenas. Eso es igualmente válido para cada uno. Así que te propongo, como lema de la última semana de cuaresma, este: *Dame, Señor, un corazón puro*. Prueba a repetirlo muchas veces a lo largo del día. Y ahora, en este rato de oración.

2. En el Evangelio de hoy, contemplamos la escena de unos griegos que piden a Felipe *ver a Jesús*. Felipe acude a Andrés, discípulo especialmente próximo al Señor, y juntos fueron a decírselo al Maestro (cfr. *Jn* 12, 20-22).

También nosotros queremos ver a Jesús. También nosotros, ahora, en nuestra oración personal, le pedimos a Nuestro Señor que nos deje verle. ¡Cuánto cuesta ver a Jesús! Cuando rezamos, muchas veces nos parece que estamos en un silencio vacío, que nada funciona, que es como si habláramos con la pared; durante el resto del día, rara vez nos acordamos del Señor, con dificultad lo reconocemos en medio de nuestras cosas, se cuentan con los dedos de una mano (si llega) las ocasiones en que durante la jornada le decimos a Dios lo mucho que deseamos quererle, o las que le damos gracias por sus favores... ¿Por qué nos cuesta tanto ver a Jesús, escuchar a Jesús, reconocer a Jesús en nuestra vida?

«¿Quieres ver a Dios? Escúchalo: bienaventurados los de corazón limpio, porque ellos verán a Dios. En primer lugar, piensa en la pureza de tu corazón; lo que veas en él que desagrada a Dios, quítalo»[1].

¿Cómo esperas encontrar a Dios en la oración, en la Misa, en la vida misma con un corazón impuro? Y lo primero para llegar a tenerlo es quererlo, desearlo con

---

[1] S. Agustín, *Sermón sobre la Ascensión*, 2.

todas las veras de tu corazón: *Dame, Señor, un corazón puro*.

3. Parece que aquellos griegos consiguieron ver a Jesús, que les dirigió unas profundas palabras. En realidad, las dijo para todos los que estaban presentes y para aquellos que, a lo largo de todos los tiempos han deseado verle y escucharle: *Os aseguro, que si el grano de trigo no cae en tierra y muere queda infecundo, pero si muere, da mucho fruto. El que se ama a sí mismo, se pierde, y el que se aborrece a sí mismo en este mundo, se guardará para la vida eterna* (*Jn* 12, 24-25).

¡Qué enseñanza, Señor! ¡Cómo golpea en mi corazón y me remueve! Hemos de aprovechar estas palabras para hacer un examen sincero que nos ayude a mejorar. Considera despacio: ¿cómo quiere Dios que yo entregue mi vida? No lo pienses en general: concretamente, en detalles precisos de mortificación y de servicio. ¿Cómo podré amar más a los otros? A mis padres y hermanos, a mis amigos, a mis compañeros; con mil pequeños detalles: hablar siempre bien, no hacer burla ni ridiculizar, obedecer y sonreír… ¿Cómo puedo entender qué quiere Dios de mí? Para escucharle he de estar preparado, como dice san Agustín poniéndose con la imaginación en el lugar de Dios: «Preséntame un corazón amante y comprenderá lo que digo. Preséntame un corazón inflamado en deseos, un corazón hambriento, un corazón que, sintiéndose solo y desterrado de este mundo, esté sediento y suspire por las fuentes de la patria eterna, preséntame un tal corazón y asentirá a lo que digo. Si, por el contrario, hablo a un corazón frío, este nada sabe, nada comprende de lo que estoy diciendo»[2]. Haz oración con estas palabras. Dile a Jesús que así quieres que sea tu alma. Díselo muchas veces, pídeselo sin cansarte: *Dame, Señor, un corazón puro*.

[2] S. Agustín, *Tratado sobre el Evangelio de San Juan*, 26.

DOMINGO V DE CUARESMA CICLO C

*1. Si se usara tanta inteligencia y tesón para el bien,
otro gallo cantaría.*

2. Aprender de Él que es manso y humilde de corazón.

3. ¿Qué escribió en el suelo?

1. De escribas y fariseos se podrán decir muchas cosas, pero no que les falte tesón e inteligencia para acosar y acechar al Señor para –piensan ellos– desenmascararle y poner de manifiesto ante el pueblo que se trata de un falso profeta. ¡Si usaran algo de esa perseverancia y de esa astucia para el bien tendríamos una legión de santos! Pero no, se empecinan en lo que ya han decidido: Jesús no puede ser el Cristo de Dios; y no ahorrarán esfuerzo alguno para probarlo.

Desde luego, la treta que despliegan hoy en el evangelio, hay que reconocer que es de las mejores. La han urdido con sumo cuidado y creen –seguro– haber tejido por fin una red de la que el Maestro no podrá escaparse de ningún modo: quieren atraparle con sus propias palabras y acciones. Por eso, nos dice san Juan: *Los escribas y los fariseos le traen una mujer sorprendida en adulterio, y, colocándola en el medio, le dijeron: «Maestro esta mujer ha sido sorprendida en flagrante adulterio. La ley de Moisés nos manda apedrear a las adúlteras; tú, ¿qué dices?»* (*Jn* 8, 3-5). El ardid es extremadamente hábil. Si Jesús dice que la lapiden, conforme a la ley de Moisés, podrán decirle: «¿Dónde queda entonces la misericordia que pregonas? ¿No eres tú el que perdonas pecados?». Si en cambio dice otra cosa, le replicarán: «No venías –como tú mismo has declarado– a dar plenitud a la ley y no a abolirla, ¿cómo es que anulas lo que estipuló Moisés?».

La trampa está bien preparada, la salida no es fácil. Y, aunque será una de las últimas estratagemas contra Jesús antes de que directamente decidan matarlo, no es el último engaño de los saduceos –ahora entiendes el origen de este calificativo– que afrontarán sus discípulos. Porque, como entonces, no faltan hoy quienes busquen poner a los seguidores de Cristo en dificultades con preguntas, situaciones o tretas como las del evangelio, tú mismo quizá te hayas visto alguna vez en un apuro semejante. ¿Qué hacer? Pues, lo primero, mirar a Jesús, atender a cómo hace Él y aprender del Maestro.

2. El relato de san Juan continúa de manera sorprendente: *Jesús, inclinándose, escribía con el dedo en el suelo* (*Jn* 8, 6). La primera respuesta de Cristo es no responder. Contesta con su silencio y con su mansedumbre. Espera que la misma impaciencia traicione a sus oponentes y que se descubra su torcida intención. Mansedumbre y paciencia, ¡qué difíciles nos resultan estas virtudes! Más aún parecen serlo en la juventud, aunque solo sea por la dificultad añadida que supone el ímpetu propio de un carácter juvenil. Es muy necesario por tanto recordar y parafrasear las palabras del Maestro, que es perfecto conocedor de nuestras carencias y dificultades, y repetir en forma de plegaria: «quiero aprender de ti, que eres manso y humilde de corazón». Ante los ataques que puedas sufrir, frente a las asechanzas del enemigo y las jugarretas de algunos que aquí en la tierra parecen empeñados en poner palos en las ruedas de la fe de los demás, ni ira, ni precipitación en la respuesta, ni nervios, ni desasosiego; pídele a Jesús tener la misma tranquilidad y temple de las que Él hizo gala en el pasaje que hoy meditamos. Y para ello encuentras la clave en la profunda vida interior de Jesús y en su relación con el Padre. El temple y la mansedumbre nacen de la conciencia de estar haciendo, no la propia voluntad, sino lo que el Padre requiere. La paz que da saber que se está en la senda de buscar y querer la voluntad de Dios es la fuente de la que brota la paz exterior y la mansedumbre. Junto con tu petición a Jesús busca lo que demandas echando raíces profundas en tu vida interior, que te lleven a ese trato íntimo y personal con Dios Padre, Hijo y Espíritu Santo.

3. Pero volvamos al pasaje de Juan. Quizá te sorprenda, junto con el ánimo del Señor, su aparente indiferencia ante lo que sucede. En lugar de prestar toda su atención a aquella turba y a la mujer que le traen a rastras, Él escribía, inclinado, en el suelo. Incluso cuando insisten en preguntarle y se incorpora para decirles: *El que esté sin pecado, que le tire la primera piedra* (*Jn* 8, 7), en lugar de permanecer de pie mirándoles, desafiando con su mirada a los que se han erigido en acusadores, vuelve a inclinarse y sigue escribiendo en el suelo. Pero, ¿qué es eso que escribe?

No ha querido san Juan decirnos el contenido de aquellas letras que Jesús con su dedo trazó en el suelo manteniendo, de este modo un halo de misterio en torno a ello. Sin embargo, y aunque no podemos comprobar hipótesis alguna –en el cielo sí nos enteraremos– algunos santos padres de la Iglesia sí se han atrevido a apuntar de qué podría tratarse. Dice, por ejemplo, san Jerónimo: «Los escribas y los fariseos la acusaban y la presionaban con vehemencia, deseando lapidarla conforme a la ley, pero Jesús se agachó y se puso a escribir con el dedo en la tierra los pecados de quienes la acusaban»[1]. Como dice un dicho italiano, «si no es verdadero está bien traído», porque ciertamente solo Dios conoce el corazón de los hombres y solo Él puede juzgar la vida de las personas y la verdad de sus actos. Y sí, muchas cosas en nuestra vida merecen castigo, una lista inacabable podría mandarnos el Señor. Pero, en cambio, él olvida cuando le pedimos perdón. ¿Serás tú capaz de olvidar también? ¿O llevas cuenta y lista de agravios para echarlos en cara en el momento que te parezca oportuno? Busca esas listas y destrúyelas, no sea que cuando las saques empiece el Señor a escribir tus pecados en la arena y te vayas avergonzado y triste como los judíos del evangelio.

---

[1] San Jerónimo, *Diálogo contra los pelagianos*, 2, 17.

LUNES V SEMANA DE CUARESMA

1. Hoy la cosa va de dos mujeres en apariencia muy diferentes.

2. Aunque camines por cañadas oscuras, no temas, Jesús va contigo.

3. En medio del pecado solo nos queda Jesús.

1. La lectura de la misa de hoy, tomada del profeta Daniel, y san Juan en el evangelio nos hablan de dos mujeres. La primera, Susana, es *una mujer muy bella y temerosa de Dios* (*Dn* 13, 2), casada con Joaquín hombre respetado por todo el pueblo. Es víctima de una trampa tendida contra ella por los dos ancianos (anciano no se refiere principalmente a la edad, sino que es un término usado para designar a las autoridades y jefes del pueblo). Querían acostarse con ella y para ello traman un ardid con el que chantajearla. Ella no cede, y prefiere ser calumniada y exponerse a la muerte antes que pecar ante Dios (cfr. *Dn* 13, 23). La segunda, la mujer del evangelio, ha sido sorprendida en flagrante adulterio (cfr. *Jn* 8, 4). Si la primera aparece como modelo de fidelidad a su marido y a Dios, la segunda es ejemplo de lo contrario.

Los padres de la Iglesia, que fueron los primeros escritores y teólogos católicos, han visto en estas dos mujeres una imagen de la Iglesia. La Iglesia santa y la Iglesia pecadora. Santa porque Jesucristo la ha santificado, pecadora porque sus hijos –tú y yo entre ellos– somos falibles y la ensuciamos con nuestros pecados. Y esta imagen se puede aplicar también a tu alma, santa porque por el bautismo y la gracia eres santificado, pecadora, porque tus faltas ensucian y dañan la obra de Dios en tu vida.

Parecen ambas en las antípodas una de la otra, sin nada en común. Como parece también a veces que la santidad y el pecado en la Iglesia, y en cada uno de los hombres estuvieran en extremos irreconciliables. Y sin embargo fíjate en que las dos necesitan de Dios para vivir. Ninguna puede salir victoriosa de la prueba sin confiarse en el Señor. Tampoco tú, ni cuando has sido derrotado por el pecado, ni cuando has vencido con la ayuda de la gracia, puedes nada sin aquel que es Señor de todas las cosas.

2. La situación en la que se vio Susana, calumniada y acusada de algo que no había hecho, precisamente por no ceder y caer en aquello de que la acusaban, pone ante nuestra consideración el misterio del mal, y en particular del mal que padece el inocente. No es cosa del pasado. Las desgracias que sufren tantas personas a causa de desastres naturales, del frío o el hambre, hiere el corazón de toda persona de bien. Más aún lo hace el mal provocado por la libertad de los hombres cuando lo soportan inocentes: guerras, injusticias, desprecios... Puedes sentir a veces esa congoja ante el mal y el sufrimiento, incluso hasta preguntarte: «¿dónde estás Señor?». Por eso la historia de Susana y su reacción nos resultan tan luminosas.

Aquella mujer israelita, que no había faltado a la ley ni ofendido a Dios, se ve condenada a muerte por las mentiras y la maldad de los ancianos. Podía haberse vuelto a Dios con amargura o con un reproche, pero no lo hizo. En cambio, alza su mirada al Altísimo y confía una vez más en Él: *Dios eterno, que ves lo escondido, que lo sabes todo antes de que suceda, tú sabes que han dado falso testimonio contra mí, y ahora tengo que morir, siendo inocente de lo que su maldad ha inventado contra mí* (*Dn* 13, 42-43).

Haz como aquella mujer admirable y ante las dificultades y los males que puedas padecer confía en Dios. No te quedes en preguntarte por qué sucede, o por qué a ti. Ni si quiera intentes entender todo. Tan solo confía. Aunque no entiendas, o precisamente por eso, descansa en Él y dile con las palabras del salmo: *Aunque camine por cañadas oscuras, nada temo, porque tú vas conmigo* (*Sal* 22, 4). Así no olvidarás que Jesús está a tu lado, especialmente cuando padeces un mal o eres tentado; que esta certeza te reconforte y te fortalezca en la adversidad, como hizo con Susana.

3. Desde luego si hay alguna ocasión en que debes ponerte en manos de Jesús especialmente es en el pecado. Piensa ahora en la otra mujer, la adúltera. Llega hostigada, humillada por la gente, sorprendida en su pecado. Condenada a muerte por la ley, y una condena justa – entiéndeme, justa conforme a la ley y el tiempo en que estaban–. No tiene nada. Susana tenía al menos su conciencia sin mancha, la certeza de ser inocente, que, a no pocos, también entre los no creyentes, les ha mantenido dignamente hasta el final. No, ella tampoco tiene eso. Puedes imaginártela tirada en el suelo, sucia de haber sido arrastrada por la turba, con el pelo enmarañado cayéndole sobre el rostro, sin atreverse a levantar la mirada. ¿No es así como nos deja el pecado? ¿No te ves como ella, sin nada, sin nadie a quien acudir, cuando sabes que has ofendido a Dios?

En el pecado, en el sufrimiento al padecer sus consecuencias, solo tenemos a Jesús y únicamente Él es nuestra esperanza. El Señor no actúa como aquella turba enfurecida. Él espera a que se marchen una vez que ha puesto al descubierto su hipocresía. Solo cuando se queda a solas con la mujer, sin miradas inquisitivas, establece ese diálogo maravilloso. Un diálogo que quiere tener también contigo en el sacramento de la reconciliación. Acude a Él como la mujer, sin excusarte, ella no dice: «es mentira, no lo hice»; sabe lo que ha hecho y sabe que Jesús lo conoce. Pídele a Dios esta confianza y esta sencillez para presentarte como eres, sin disimular, sin aparentar, sin excusas. Jesús te dará su perdón, su abrazo de misericordia. Y te hará mirar hacia delante para que luches con su ayuda y no vuelvas a pecar. Escucha cómo te dice al oído: «Anda y en adelante con mi ayuda lucha por no volver a caer».

MARTES V SEMANA DE CUARESMA

1. *Un cuadro que ya no podrás ver salvo en fotografías.*
2. *La zarza es la cruz.*
3. *Una lección muy práctica.*

1. Un magnífico cuadro de Zurbarán, gran pintor español del siglo XVII, que por desgracia se perdió en 1945 durante un incendio en Berlín, pero del que nos han llegado algunas fotografías, plasma de manera genial la visita de santo Tomás de Aquino a san Buenaventura. Aparecen ambos frailes, el dominico y el franciscano, en la habitación del segundo. Tomás le pregunta por los libros donde ha aprendido lo que con tanta profundidad escribe sobre Dios. Por su parte Buenaventura señala al crucifijo queriéndole así decir: «todo lo aprendí mirando a la cruz». Pues algo así nos dice hoy Jesús en el evangelio: *Cuando levantéis al Hijo del hombre, sabréis que «Yo soy»* (*Jn* 8, 28). Con esta enigmática frase, en la que trataremos después de profundizar, se apunta que, si queremos conocer a Jesús, saber quién es realmente, hemos de mirar y aprenderlo en la cruz. Ahí es donde se nos revela con toda claridad quién es Jesús.

Pero antes de llegar a ese punto merece la pena que intentes entender un poco mejor el trasfondo que hay en las palabras del Señor. Solo así podremos hacernos una idea de su significado, y tener la misma experiencia de aquellos que las oyeron en directo. Ponte en el lugar de los que le estaban escuchando. ¿Qué les vino a la cabeza cuando oyeron ese *Yo soy* de labios de Jesús? Desde luego resulta una expresión extraña, también para los judíos de aquella época, pero por otras razones a las nuestras.

Ese *Yo soy* de Jesús hizo resonar en ellos la revelación del Nombre que le fue confiada a Moisés en el Sinaí; cuando Moisés ante la zarza ardiente preguntó a Dios por su nombre y este le contestó: *Yo soy el que soy* (cfr. *Ex* 3, 13-14). Piénsalo, pues sobrecoge; Jesús está usando el nombre que pertenece solo a Dios. Él, un hombre de carne y hueso como tú y como yo, afirmando rotundamente que es el mismo Dios, el Creador, el Todopoderoso. El único que puede salvarnos de nuestros pecados.

2. No es de extrañar entonces que ante ese *Yo soy* de Jesús los judíos pregunten: *¿quién eres tú?* (*Jn* 8, 25). Su pregunta es también la nuestra. Y la respuesta de Jesús va también para nosotros. Una respuesta que apunta al que le ha enviado, al Padre. Sobre este punto puede ayudarnos lo que escribió Benedicto XVI al respecto: «Cuando Jesús dice Yo soy (…) muestra su unicidad: en él está presente personalmente el misterio del único Dios. "El padre y yo somos uno". (…) Con este Yo soy Jesús no se pone junto al Yo del Padre, sino que remite al Padre. Pero precisamente así habla también de sí mismo. Se trata de la inseparabilidad entre Padre e Hijo. Como es el Hijo, Jesús puede poner en su boca la presentación que el Padre hace de sí mismo»[1]. Todo en Jesús remite al Padre, y el Padre nos ha dado todo en el Hijo.

Comprender, o al menos tratar de asomarse a la abismal riqueza de la Persona de Cristo, implica adentrarse en esa relación de Jesús con su Padre. Ese es el núcleo de su identidad: es el Hijo. La vida de Jesús solo se entiende desde este punto de vista: Él es el Hijo enviado para realizar las obras de su Padre. Toda la existencia de Jesús se puede entender como una vida para los otros, así lo han afirmado grandes estudiosos de la vida del Señor. Un vivir para Otro y para otros. Jesús vive para el Padre, queriendo ardientemente cumplir su voluntad, y para nosotros, pues esa voluntad del Padre es nuestra salvación. Y este ser para el Padre y para nosotros se desvela definitivamente en la cruz. Por eso, dice de nuevo el papa Benedicto: «La zarza ardiente es la cruz. La suprema instancia de revelación, el "Yo soy" y la cruz de Jesús son inseparables». ¿Quieres entonces conocer a Jesús, saber quién es? Te digo como Buenaventura a Tomás de Aquino: mira a la cruz ahí lo aprenderás todo.

3. Esa es la lección magistral de la cruz: darse a Dios y a los demás; la lección que corona la vida de Jesús, que fue un vivir para su Padre y para nosotros. Una lección que se te ofrece para que la hagas tuya, no solo intelectualmente sino en la práctica. Hay lecciones que se quedan en lo teórico, como una buena clase de matemáticas, que no irá más allá de plasmar ecuaciones perfec-

---

[1] BENEDICTO XVI, *Jesús de Nazaret*, 402-403.

tas y elegantes en el papel. Y hay otras que reclaman la ejecución de lo aprendido, como una buena lección de cocina: no me la cuentes, dámela a probar. Así sucede con esta enseñanza de Jesús.

Pedir a Dios un mayor conocimiento del Señor, buscar profundizar en quién es Él y quién es para ti, quedaría incompleto si no llega hasta tu manera de pensar, sentir y actuar. Ojalá le pidas esto a Jesús: conocerle más, amarle más, imitarle más. Porque tú eres hijo de Dios a semejanza del Hijo y por gracia de su entrega en la cruz. Y si eres hijo, has de pensar en cómo es el Hijo y cómo actúa, para saber quién has de ser y cómo te has de portar. Jesús no ha podido ser más claro: *no hago nada por mi cuenta, sino que hablo como el Padre me ha enseñado. El que me envió está conmigo, no me ha dejado solo; porque yo hago siempre lo que le agrada* (Jn 8, 28-29). ¿Quieres tú también agradar a tu Padre del cielo en todo? Mira a Jesús en la cruz. Lo que agrada al Padre es que te des a Él y a tus hermanos, que no te reserves, que ofrezcas lo mejor de ti. Y eso en las cosas concretas y cotidianas de tu vida: en tu familia, con tus amigos, en tus estudios o en tu trabajo. Tu trato con Jesús y tu oración te llevarán a precisar más tu entrega: no dejes pasar las ocasiones que se te brindan cada día de hacer lo que sabes que agrada a tu Padre del cielo.

MIÉRCOLES V SEMANA DE CUARESMA

1. El pecado es un tirano muy cruel.

2. Libertad de hijos.

3. No comprometerse en nada no hace más libre,
más bien al contrario.

1. Recuerdo una película –en realidad es una trilogía, a la que luego añadieron algún capítulo más– titulada Matrix en la que, como parte del argumento, aparecían los hombres viviendo conectados a una gran máquina de realidad virtual que les ofrecía una apariencia de libertad pero que en realidad les mantenía como esclavos. Ninguno de aquellos hombres diría que era un esclavo, ninguno pensaba que necesitaba ser liberado. Algo así encontramos hoy en el evangelio. Jesús habla de darnos una libertad verdadera y la reacción de los que están congregados en torno al Él es negar que la necesiten. Pero la réplica de Cristo resulta definitiva: *En verdad, en verdad os digo: todo el que comete pecado es esclavo (Jn 8, 34).*

No es una manera de hablar figurativa, ni una metáfora sugerente, se trata de la cruda realidad: el pecado esclaviza. Y conviene darse cuenta de ello porque no siempre resulta evidente. El pecado es, en verdad, un tirano con puño de hierro, aunque muchas veces encadene con ligaduras de seda, casi sin que te des cuenta.

Por ejemplo, experimentas su tiranía y tu servidumbre cuando deseas no ceder a tu mal carácter y callar esa mala contestación, pero terminas por decir lo que no querías. O cuando de nuevo caes en ese vicio que tanto desprecias, pero al que has dejado dominar sobre tu voluntad por no luchar durante tanto tiempo contra él. Piensa ¡Qué digno de compasión es un avaro dominado por su avaricia o un lujurioso por su lujuria! Y, ¡qué vacío tan grande y desprecio de sí mismos experimentan cuando se dan cuenta del poder que tienen sobre ellos tales vicios!

Convéncete: el pecado es un esclavista al que nadie puede hacer competencia. Buscará por todos los medios someterte, incluso te dará una falsa sensación de libertad por medio de placeres y compensaciones. Pero no lo dudes, mostrará su peor cara y toda su crueldad ante el más mínimo intento de rebelión frente a su dominio.

2. Ante la esclavitud del pecado Jesús te dice: *Si permanecéis en mi palabra, seréis de verdad discípulos míos; conoceréis la verdad, y la verdad os hará libres* (*Jn* 8, 31-32). Pero, ¿de qué verdad se trata? San Josemaría la ha delineado en estas frases: «saber que hemos salido de las manos de Dios, que somos objeto de la predilección de la Trinidad Beatísima, que somos hijos de tan gran

Padre»[1]. La filiación divina, tu ser hijo o hija de Dios, es el fundamento de la nueva libertad que te ofrece Cristo. Solo Él te puede liberar del pecado. Y lo hace no para que vivas sometido a otro poder, ni siquiera al suyo o al del Padre. Quiere que seas libre, que te quedes con Él en la casa del Padre, no por obligación, sino porque así lo desees. No te quiere encadenado a su lado, sino como un hijo amado que permanece con Él porque a eso aspira.

La voluntad que te ofrece Jesús es libertad para amarle, y está orientada a este fin. Queda así al descubierto una falsificación de la libertad, no poco extendida, que la entiende al margen de cualquier orientación moral, como si toda opción fuera igualmente válida, como si la esencia de la libertad estuviera en la capacidad de elegir con independencia de qué se elige. Pídele a Jesús entender sus palabras sobre la libertad y darte cuenta de que solo desde esa verdad luminosa de ser hijo de Dios puede comprenderse. Y lo que es más importante, pídele vivir el don maravilloso de la libertad buscando su cumplimiento en la verdad que te ofrece Cristo. Y no olvides que un gran don implica una gran responsabilidad.

3. Antes te hablaba de esa falsificación de la libertad que es pensar que no tiene vínculo alguno con la verdad y la realidad de las cosas. Ahora creo que te puede ser útil pensar en otra falsificación muy presente en nuestros días. Me refiero a entender la libertad como la capacidad de elegir en cualquier momento cualquier

---

[1] SAN JOSEMARÍA ESCRIVÁ, *Amigos de Dios*, 26.

cosa. Es decir, mantener todas las opciones abiertas sin que ninguna determine tu elección. Así dicho quizá te resulte un tanto abstracto, pero verás que con la ayuda de algunos ejemplos te parecerá más familiar de lo que pensabas.

Esta libertad mal entendida se manifiesta en la dificultad que tienen muchas personas por asumir compromisos definitivos, ya sea en el ámbito familiar o laboral. Hay como una alergia a dar un sí definitivo o un no contundente. La nuestra es una sociedad en la que todo parece fluir, adaptarse, sin nada definitivo ni permanente. Pero te será más familiar aún pensar en expresiones cotidianas. Hay modos de hablar que son auténticas declaraciones para evitar el compromiso: «en principio, sí»; y ya, si va acompañado de un «te voy diciendo», es la mejor manera de no cerrar una cita con alguien, concretar un plan, o implicarse para ayudar a quien pide colaboración. No, no eres más libre por decir a todo que quizá pero ya veremos, que es lo que significa el «en principio, sí». Así solo te perderás cosas fantásticas y oportunidades estupendas.

Ni en lo pequeño ni en lo grande te podrá ir bien si asumes, aunque sea sin pensarlo, esta libertad que mantiene todo abierto y no se determina por nada. Es verdad que elegir algo significa descartar las demás opciones, que comprometerse implica una carga y decidirse ata a la opción elegida. Pero piensa que –de nuevo son palabras de san Josemaría– «por amor a la libertad nos atamos. Únicamente la soberbia atribuye a esas ataduras el peso de una cadena. La verdadera humildad, que nos enseña Aquel que es manso y humilde de corazón, nos muestra que su yugo es suave y su carga ligera: el yugo es la libertad, el yugo es el amor, el yugo es la unidad, el yugo es la vida, que Él nos ganó en la cruz»[2]. Pídele a Dios esta humildad y esta sencillez para decir sí o decir no, para elegir a Jesús y su plan para tu vida, en lo grande y en lo pequeño, sin mirar las cosas que dejas a un lado. No hay comparación: elegirás lo mejor.

---

[2] *Ibídem.*, 31.

JUEVES V SEMANA DE CUARESMA

1. ¿Qué podía hacer Abrahán con noventa años?
2. Esperar contra toda esperanza.
3. La alegría de Abrahán puede ser la tuya.

1. La lectura y el evangelio de la misa de hoy nos hablan de Abrahán, el patriarca elegido por Dios para hacer de su descendencia el pueblo de la Alianza. Llama la atención que cuando Dios se presenta a Abrahán, para establecer con él un pacto y anunciarle un nuevo hijo, que nacerá esta vez de su mujer Sara que era estéril, este tiene noventa y nueve años. ¿Qué se puede hacer a esa edad? Recuerdo cómo un señor me decía –tenía noventa y cuatro años entonces– que llevaba tiempo intentando contactar con un antiguo amigo al que no veía desde hacía más de sesenta años. Al final dio con él, quedaron para verse un día y le fue a visitar. Me contaba que, en un momento en que estuvieron a solas, le dijo: «Mira Pepe, tú y yo no tenemos edad para andarnos con rodeos, ¿cómo estás con Dios?». Total, que al final fueron juntos a una iglesia y se confesó, cosa que no hacía desde mucho tiempo atrás. Al terminar de contármelo se emocionó y me manifestó que su gran pasión en la vida había sido su mujer y el apostolado. Ahora la echaba de menos, pues había muerto hacía poco tiempo, y también poder hacer más apostolado como cuando era joven. ¡Y luego tú y yo pondremos excusas para justificar la falta de iniciativa para llevar a Cristo a otros!

¿Qué se puede hacer a los noventa años? Nada si se pone la confianza en las propias fuerzas, mucho si se confía en Dios. Abrahán nos muestra precisamente un ejemplo de esto. Parecería que Dios al haber esperado a su ancianidad quiere dejarle claro que la obra que va a realizar es suya. Pues no le cabía esperar de sus propias fuerzas la realización de un proyecto como el que Dios le propone, solo podía confiar en Dios, apoyarse en Él. Como Abrahán, no te apoyes en ti, sino en Cristo, busca en Él la fortaleza que a ti te falta y pídele fiarte de Dios como se fio el santo patriarca.

2. Poner la mirada en la figura de Abrahán y en la historia que Dios realiza con él supone un modo extraordinariamente eficaz de prepararnos para las ya muy próximas celebraciones de la pasión, muerte y resurrección de Jesús. Porque son acontecimientos que superan absolutamente la capacidad humana. Lo que realiza Dios en su Hijo Jesucristo por medio de su entrega en la cruz está fuera del alcance de todo poder. Solo cabe esperar en Dios, para recibir de Él el fruto de la redención.

Por eso nos es de gran ayuda la figura de Abrahán que destacó por su fe y confianza en el Señor. Él esperó contra toda esperanza. No podía aferrarse a ninguna seguridad humana, solo podía fiarse de Dios. Pídele a Jesús que te de la fe de Abrahán, que aumente tu confianza en Él. Fíjate en que para Abrahán tener fe, supuso salir de su tierra hacia lo desconocido, únicamente con la esperanza de que cumpliera su promesa. No aguardó a verlo todo claro y luego salió, sino que fue aclarándose y fortaleciéndose en su fe conforme fue haciendo camino.

En el camino de la cruz que recorres junto a Jesús sucede del mismo modo. No lo verás todo claro al comienzo. Tendrás dudas, como el mismo Abrahán que, como señala el papa Francisco: «tuvo incluso sus tentaciones por este camino de la esperanza cuando, tanto él como su esposa, dibujaron una sonrisa cuando Dios les dijo que tendrían un hijo. Pero creyó»[1]. Haz como él, fíate de Dios, y ponte en camino. Él va a tu lado como fue al lado de Abrahán; no te deja, no te abandona.

Esperar contra toda esperanza, este es el carné de identidad del cristiano –dice de nuevo el papa Francisco–. Lo llevas en tu ADN espiritual como heredero de la promesa hecha a Abrahán: se fiel a la herencia que has recibido.

3. La esperanza de Abrahán se ve colmada en Jesús. Por eso afirma: *Abrahán, vuestro padre, saltaba de gozo pensando ver mi día; lo vio y se llenó de alegría (Jn 8, 56)*. Es un tema recurrente en la escritura: la alegría por contemplar la acción de Dios, el cumplimiento de sus promesas. Es la alegría de Moisés y de María, la hermana de Aarón, que cantan de júbilo después de cruzar el mar Rojo y ser salvados prodigiosamente de los egipcios. Es la alegría del anciano Simeón al contemplar al niño Jesús que, lleno de fe, vio en Él al salvador esperado por Israel. Es también la alegría de la Virgen entonando el Magníficat como respuesta al saludo de su prima. Es la

---

[1] PAPA FRANCISCO, *Meditación* (17-03-2016).

alegría de los santos. Una alegría que también tú puedes tener si aprendes a mirar como ellos.

Fíjate en la fuente de esa alegría para poder acudir a ella. La alegría de Abrahán, la alegría de los santos, la de María, brota del cumplimiento de su esperanza en la promesa de Dios. No nace sin más de una esperanza en un futuro de incierto cumplimiento, sino de la certeza de lo ya realizado por Dios y del deseo de que lleve a término su obra. Por eso date cuenta de que eres dichoso porque muchos desearon ver lo que tú has visto y tener lo que tú tienes y solo lo pudieron soñar. Porque Abrahán se alegró viendo el día de Jesús, y se gozará ya en el cielo, pero tú vives en ese día porque su victoria en la cruz te ha ganado para él. Piénsalo bien: tienes muchos más motivos para alegrarte que Abrahán o que Moisés, porque posees lo que ellos solo pudieron esperar y ver en penumbra, a través de imágenes que anunciaban la salvación de Dios. Tienes más motivos de júbilo que los santos mártires que dieron la vida por Jesús, pues además de lo que ellos tenían y habían visto, tú tienes su ejemplo de amor, entrega y generosidad. Mira todas las maravillas de Dios, lo que Él ya ha hecho por ti y llénate de contento, de esa alegría acompañada de paz interior, que es la dicha de los santos.

VIERNES V SEMANA DE CUARESMA

1. Comenzar la Semana Santa verdaderamente purificados.

2. Limpiar nuestra alma con una confesión bien hecha.

3. La sinceridad y la penitencia.

1. Rondaría los 40 años. Era vecino de un antiguo barrio de Sevilla y seguía siempre la misma ruta para ir al trabajo. Manolo se cruzaba todas las mañanas con el mismo barrendero que limpiaba afanosamente una de tantas calles de la capital andaluza. Los horarios eran coincidentes y, de tanto verse, comenzaron a saludarse educadamente cada mañana. A Manolo le sorprendía el esmero que el funcionario ponía en su cometido: no dejaba mota alguna de suciedad sobre el empedrado. Era el tiempo de las declaraciones de la renta y la presión laboral hizo que Manolo tuviera que ir a trabajar incluso los fines de semana. Inesperadamente, también durante esas jornadas sorprendió al mismo barrendero arreglando la misma vía.

Un día que iba más tranquilo, no pudo acallar su curiosidad y esta vez dirigió al operario público una palabra que iba más allá del simple saludo: «¿Trabaja usted todos los días? ¿No tiene usted ninguno para descansar?». El barrendero se ruborizó un poco. Le contestó: «Le voy a decir la verdad. Esta calle no es de mi zona. A mí me toca barrer justo a partir de ahí. Pero todos los días, tenga o no que trabajar, vengo a sacar brillo a este trozo de calle». Aquello extrañó mucho a nuestro ejecutivo: «¿Y por qué hace usted eso?». A lo que el buen hombre contestó: «Porque por aquí, en Semana Santa, pasa la Virgen de mi cofradía, y por eso tiene que ser la calle más limpia y más bonita de toda la ciudad. En suma, señor: que limpio bien esta calle, porque por aquí pasa la Virgen». Y estrujaba la gorra entre sus manos, como un niño al que acaban de pillar haciendo algo a escondidas.

Por nuestra alma pasa Dios, diariamente, y pasará muy especialmente esta Semana Santa: ¿tienes el deseo de que tu alma sea la más bonita y la más pura de todo el mundo?, ¿la limpias cuidadosamente?

2. Para purificar los rincones más ocultos de nuestro corazón, nada mejor que una confesión bien hecha. Trata de llegar a la Semana Santa con el corazón lo más saneado posible.

Lo primero será sacar un rato delante del Sagrario para hacer un examen de conciencia especial. Nada de hacerlo mientras hablas con alguien en la cola de la confesión, o medio a medias de no se sabe cuándo. Sentado. En la iglesia. Delante de Dios. Cara a cara con el Santísimo Sacramento. Repasa estos tres campos: Dios, los demás, yo mismo. Pecados, faltas y pecados de omisión. Lo que hiciste y dejaste de hacer. Dile a Dios que no te quieres dejar nada y que te ayude a ser muy sincero.

Pídele un don maravilloso: el dolor de los pecados. Piensa si te duelen solo cuando ofenden a los demás o cuando ofenden a tu orgullo (porque no consigues vencerte en cosas que sabes que están mal); piensa: ¿alguna vez te han dolido tus faltas porque ofendes a Dios, porque pones realmente triste el corazón de Jesús?

Recuerda que tu Padre Dios ve en lo escondido... ve lo bueno y lo malo. Se alegra con tu entusiasmo, con tu ilusión, con tus deseos de servir...; y se entristece con tus pecados, con tu egoísmo, con tu sensualidad, con tu rencor.

¿Tienes sincero dolor de tus pecados? Es un don de amor: pídeselo al Señor y pídele después no volver a caer nunca, al menos conscientemente. Aunque te parezca hipocresía: no lo es. ¡Antes morir que volver a pecar!

3. Cuando entres a confesarte, para que la confesión esté bien hecha, aprende a decir tus pecados con sinceridad: de modo breve, concreto y conciso. Sin grandes discursos. Sin disculparte.

Algunos se confiesan considerando qué pensará el sacerdote, sobre todo si es alguien conocido. Explican sus pecados teniendo en la cabeza qué estará pensando el confesor. A veces incluso lo dicen: «oiga, por favor, que esto no cambie el concepto que tiene usted de mí». Y al final puede suceder que no se confiesen de pecados, sino de interpretaciones: es que mi amiga me dijo que si iba lo pasaría fenomenal y yo, claro, pero sin nada especial... y luego, claro, yo no sabía que allí me iba a encontrar con tal chico, porque yo creía... pero al final, claro...

Hay que ser sencillos. Decir con naturalidad lo que he hecho mal. No disculparse. No pensar en qué estará pensando el sacerdote... porque, hay que decirlo así de claro: no estará pensando nada. Escucha muchas confesiones. Si en todas tratara de formarse un juicio de la persona, probablemente se volvería loco. Y además no cumpliría bien su misión. Sabe que solo Jesucristo puede juzgar, para perdonarte. Lo único que piensa el sacerdote en cada caso es cómo ayudar, cómo consolar, cómo hacer crecer a quien se acerca al sacramento. Nada más.

Finalmente, para completar esta confesión bien hecha, que te prepare para la Semana Santa, reza muy bien la penitencia. Despacio. De corazón. Los sacerdotes suelen poner penitencias cortas para que puedas cumplirlas, pero también puedes rezar algo más para dar gracias a Dios.

Volverás a tu día a día con grandes deseos de mejorar. Así harás práctico tu propósito de cambiar, prescindiendo de aquellas cosas que te hacen caer: de aquella amistad con la que criticas tanto, de ese programa de televisión o de esa aplicación informática que te hace daño (y lo notas y lo sabes), de esa novela que te turba… Has dado un paso importante, pero ahora hay que seguir. *Dame, Señor, un corazón puro…*

SÁBADO V SEMANA DE CUARESMA

*1. Mientras muchos creen, los fariseos odian
y buscan dar muerte a Jesús.*

*2. El problema del mundo no es la actividad de los malos,
sino la falta de iniciativa de los buenos.*

3. Renovar las disposiciones antes de la Semana Santa.

1. La situación comienza a ser insostenible. Mucha gente está conmocionada después de la resurrección de Lázaro (cfr. *Jn* 11). Ha sido un acontecimiento muy traído y muy llevado en toda la región, no se habla de otra cosa... ¡y no es para menos! Se escuchan relatos de lo ocurrido en cada esquina de cada pueblo. Todos quieren contar cómo Jesús llegó a Betania y fue recibido por las hermanas, y lloró mucho, muchísimo, sorprendiendo a los que contemplaban la escena, que comentaban por lo bajo cuánto lo quería. Lo impresionante vino después: Jesús se acercó al sepulcro donde el muerto llevaba días enterrado, y gritó con voz potente: ¡Lázaro, sal fuera! Y Lázaro... ¡salió! Llevaba cuatro días enterrado ¡y estaba vivo! Muchos habían ido después a saludarle, habían comido con él...

El estupor fue generalizado y persistente: no todos los días se ve salir a un muerto de su tumba. Quizá lo más embarazoso era que el asombro duraba no solo en el país entero, sino en cada conciencia. La gente se preguntaba: ¿qué está ocurriendo entre nosotros? Y ya se sabe: cuando la gente se hace preguntas, puede empezar a haber cambios.

Los fariseos se daban perfecta cuenta de todo esto. Eran incapaces de creer, y trataron, bajo cuerda, de difundir que todo había sido un engaño de Jesús: que Lázaro no había muerto y que Jesucristo es un mentiroso y un embustero. Sin embargo, eso no bastaba: ¿quién iba a aceptarlo si había tantos testigos? La calumnia no era un arma poderosa en este caso. Había que hacer algo más, se hacía necesario combatir directamente a Jesús.

Según explica el evangelio de la Misa de hoy, los fariseos se reunieron para deliberar. Estaban confusos. Unos gritaban alarmados: «¿Qué hacemos con este hombre? El país está muy revuelto…». Se corría el riesgo de que las multitudes siguieran a Jesús y los romanos tomaran medidas… ¿qué hacer? Entonces, el Sumo Pontífice, Caifás, tomó la palabra y pronunció el veredicto: *Conviene que un solo hombre muera por el pueblo* (*Jn* 11, 50). No hacía falta más. Era un modo elegante y elocuente de afirmar que había que acabar con Jesucristo.

San Juan señala que, después de todo, las palabras de Caifás resultaron proféticas. En efecto, más allá de lo que él pudiera comprender, Jesús murió por el pueblo y por todos los hombres. Pero eso no resta nada a la dureza de aquellos corazones. Da miedo contemplar la perfidia de los fariseos. Da miedo pensar cuánta gente hoy se reúne para planificar y ejecutar el mal, obedeciendo a la voz del diablo.

2. Hoy, como entonces, hay quienes buscan perder a las almas. Muchas veces nos llevamos las manos a la cabeza al comprobar que hay tantas guerras, divisiones, injusticias... pecados tan inmensos, tan aberrantes, tan clamorosos. Generalmente culpamos a los demás: a los que tienen responsabilidades, a los malos, a los que dan la espalda a Dios, a quienes desprecian a los hombres.

Sin embargo, lo terrible no es que los malos hagan su trabajo, sino que los buenos –los que queremos ser buenos– no hagamos nada. A fin de cuentas, ¿qué tiene de extraño que quienes luchan a favor del mal pongan toda la carne en el asador? Nos gustará más o menos, pero es coherente. El diablo busca sus pactos, genera sus colaboradores, y los pone a trabajar. ¡Y vaya si trabajan!: duramente, para confundir la sociedad, para generar odio, para incrementar el número de los condenados.

La pregunta verdaderamente inquietante es: mientras los malos invierten su tiempo y su dinero en causar el mal, ¿qué estoy haciendo yo? ¿Estaré tomando la enésima cerveza, hablando de los planes que tengo en vacaciones?, ¿o me habré tumbado ya en la cama para ver por cuarta vez esa serie que tanto me gustó? A lo mejor estoy jugando a pádel, por quinta vez esta semana...

El auténtico problema del mundo no es la actividad de los malos, sino la falta de iniciativa de los buenos. Y no es un asunto nuevo. Lo nuevo es que, ahora, depende de nosotros. Así que aprovecha este tiempo de silencio, de oración. Sin miedo, haz un poco de examen: ¿qué he hecho yo, en los últimos tres meses, para mejorar el mundo en el que vivo? ¿Mi país?, ¿mi ciudad?, ¿el ambiente en que me muevo?

3. En un plano aún más inmediato puedes considerar: ¿dónde quedaron mis propósitos de Cuaresma? Este puede ser un buen momento para repasarlos delante de Dios: te propusiste quizá vivir más intensamente tu vida de oración, procuraste ser más mortificado en aquellas cosas que te cuestan más, te pusiste como objetivo mejorar en tu trato con los demás... ¿Han quedado en el olvido, con el tiempo, tus intenciones?, ¿o has dado algunos pasos?

Para el cristiano no existe el desánimo. Incluso en el caso de que la respuesta a esas preguntas sea: «¡otra Cuaresma desaprovechada!». No pasa nada. No pasa nada, con tal de que entiendas que el mundo no se hunde por la acción de los malos, sino porque nosotros no amamos lo suficiente. Dicho en positivo: no pasa nada, si de tu derrota sacas un acto de contrición y el propósito renovado de amar más a Dios, y de ponerte manos a la obra. Porque, no tengas ninguna duda, el mundo cambiará cuando nosotros nos decidamos concreta y eficazmente a amar de veras y a arriesgar la vida por Él y por los demás.

Eso de que el mundo está muy mal es una excusa fácil. Antes de juzgar a los demás, examínate a ti mismo. Puedes pedirle a Dios renovar tus disposiciones para vivir esta Semana Santa como un auténtico amigo de Dios. «Hay que decidirse. No es lícito vivir manteniendo encendidas esas dos velas que, según el dicho popular, todo hombre se procura: una a San Miguel y otra al diablo. Hay que apagar la vela del diablo. Hemos de consumir nuestra vida haciendo que arda toda entera al servicio del Señor. Si nuestro afán de santidad es sincero, si tenemos la docilidad de ponernos en las manos de Dios, todo irá bien. Porque Él está siempre dispuesto a darnos su gracia, y, especialmente en este tiempo, la gracia para una nueva conversión, para una mejora de nuestra vida de cristianos»[1].

---

[1] SAN JOSEMARÍA ESCRIVÁ, *Es Cristo que pasa*, 59.

DOMINGO DE RAMOS CICLO A

1. Una fiesta improvisada.

2. El burro que es maestro.

3. Dos evangelios.

1. Llevamos unos días sin ver a Jesús por Jerusalén, se escuchan todo tipo de cometarios, el deseo de eliminarlo se ha convertido en un secreto a voces, muchos no saben qué pensar: han visto los signos, pero a la vez conocen la oposición del Sanedrín; no les resulta fácil decantarse por una postura.

Sin embargo, hoy ha sucedido algo asombroso en la Ciudad Santa, nadie recordaba algo parecido. El día estaba transcurriendo sin sobresaltos, una muchedumbre lo llenaba todo en esos días de fiesta, y de pronto se comienzan a escuchar gritos de júbilo y cantos de victoria; la gente corre arrastrada por los que van delante, desconocen qué es lo que motiva tal algarabía. Por el trayecto van cortando palmas y arrancan ramos de olivo, los agitan, cantan, bailan, tiran sus mantos al suelo y de pronto aparece Él.

Sentimientos encontrados surgen en nuestro interior: hace poco, Jesús se escondía, quería pasar desapercibido y hoy se organiza una auténtica procesión en torno a su Persona. Aparece sereno, sonriente, fijando su mirada divina en unos y otros, mientras avanza a lomos de un manso borrico; se cumple la profecía de Zacarías (9, 9): *Decid a la hija de Sion: «Mira a tu rey, que viene a ti humilde, montado en un asno, en un pollino, hijo de acémila»* (*Mt* 21, 5). No rehúsa los vítores, ve complacido cómo todo Jerusalén se ha volcado con su entrada, pero bien sabe lo que sucederá en pocos días...

Contempla la escena desde un rincón, mira a los distintos personajes, sobre todo reposa tu mirada ahora en el Maestro; qué realeza tan curiosa la de Jesús, una humildad silenciosa que nos lleva a considerar nuestra propia vida, tantas veces marcada por el aparentar o el creernos, o hacer pensar a los otros, que somos algo distinto. *Hosanna, bendito el que viene en nombre del Señor. Bendito el reino que llega, el de nuestro padre David. ¡Hosanna en las alturas!* (*Mc* 11, 9-10), gritan a su paso. Pero, ¿dónde estará esta gente el Viernes Santo por la mañana? Algunos quizá –no me atrevo a decir si muchos o pocos– en casa de Poncio Pilatos gritando, con la misma fuerza que hoy: *¡Crucifícalo, crucifícalo!* (*Lc* 23, 21).

El domingo de Ramos es el pórtico de la Semana, es fácil vitorear hoy al Rey victorioso, pero lo que es divino es acompañar al Rey crucificado. Hoy nos ponemos junto a los doce que custodian a ambos lados al Maestro, pero queremos estar cerca de Juan, para que el Viernes podamos acompañar con él a María.

2. Sucede, a veces, en la pintura o en la literatura o en el cine que hay un elemento que acompaña a diversas obras del mismo autor, un personaje que siempre aparece o una canción que unifica las escenas; en la vida de Jesús sucede algo parecido. Yo no sé si alguna vez os habéis parado a contemplar al borriquillo sobre el que Jesús va montado; pero miradlo, ¿no os recuerda a algo? Ese personaje, ¿no trae a vuestra memoria otras escenas? Belén, Egipto, vuelta a Nazaret... Este animal ya nos lo habíamos encontrado antes en la vida de Jesús, y siempre como manifestación de su pobreza y sencillez.

Es un personaje que pasa desapercibido pero que puede enseñarnos mucho a nosotros que tantas veces nos gusta destacar. El borrico es utilizado simplemente para trasladarse y, en el caso de este domingo, para levantarlo un poco y que la gente pueda verlo al pasar. En eso consiste muchas veces nuestra vida cristiana en su dimensión apostólica: llevar a Jesús a la gente y levantarlo en nuestra familia, con nuestros amigos o en el lugar de trabajo, para que otros puedan verlo. Luego el burro desaparece, nadie se fija en él, nadie le aplaude, pero ha cumplido su misión.

Aprender a pasar desapercibidos, aprender a ocupar el lugar más sencillo, acoger el trabajo que no brilla, que nadie reconoce es solo posible si Dios nos lo concede. Y mucho más difícil, me parece, vivir con estas características cuando el Señor nos ha colocado en un puesto de renombre, importante, o con gente a nuestro cargo. No importa dónde estemos, lo fundamental –y le pedimos al Señor ahora que no se nos olvide nunca– es que aprendamos que nuestra misión es ser portadores de Jesús: con nuestra palabra y nuestro actuar cotidiano.

Jesús sigue avanzando por Jerusalén, miramos cómo le aclaman; pero por dentro tú y yo tenemos que ir sacando consecuencias de lo que estamos viviendo. En un momento, la mirada de Jesús se cruza con la nuestra y dejamos que el corazón se explaye en un diálogo sin palabras... Como ahora...

3. Hoy es el único día del año en que podemos leer dos evangelios en la misma celebración: la entrada triunfal de Jesús en Jerusalén, antes de la procesión de los ramos, y la Pasión, en este ciclo A, según san Mateo, en la liturgia de la Palabra. Es un texto largo, quizá nos permitan sentarnos; posiblemente intervengan varios lectores.

Es un día excelente para coger el texto evangélico y leerlo despacio, sin prisas; procurando recorrer no solo con la cabeza, sino también con la imaginación y el corazón las amargas horas de la exaltación de Cristo. En los días posteriores nos pararemos con detenimiento en algunas escenas, pero es mucho material para poco tiempo, por eso es bueno leerla hoy de un tirón.

Somos protagonistas de la Pasión. «Esta semana nos hará bien a todos nosotros mirar el crucifijo, besar las llagas de Jesús, besarlas en el crucifijo. Él cargó sobre sí todo el sufrimiento humano, se revistió con este sufrimiento.

Esta semana pensemos mucho en el dolor de Jesús y digamos a nosotros mismos: esto es por mí. Incluso si yo hubiese sido la única persona en el mundo, Él lo habría hecho. Lo hizo por mí. Besemos el crucifijo y digamos: por mí, gracias, Jesús, por mí.

Cuando todo parece perdido, cuando ya no queda nadie porque herirán *al pastor y se dispersarán las ovejas del rebaño* (*Mt* 26, 31), es entonces cuando Dios interviene con el poder de la resurrección. La resurrección de Jesús no es el final feliz de un hermoso cuento, no es el *happy end* de una película; sino la intervención de Dios Padre allí donde se rompe la esperanza humana. En el momento en el que todo parece perdido, en el momento del dolor, en el que muchas personas sienten la necesidad de bajar de la cruz, es el momento más cercano a la resurrección. La noche se hace más oscura precisamente antes de que comience la luz. En el momento más oscuro interviene Dios y resucita»[1].

---

[1] Papa Francisco, *Audiencia general* (16-04-2014).

DOMINGO DE RAMOS CICLO B

1. Jesús desea entrar en ti como entró en Jerusalén.
2. La entrada triunfal es el preludio de la cruz.
3. La soledad de Cristo en su entrada a Jerusalén.

1. Con la celebración de Ramos este domingo se erige en el pórtico de entrada a la celebración de los misterios de la muerte y resurrección del Señor. No se trata, ni hoy ni los días sucesivos, de realizar una serie de prácticas y gestos meramente externos. Ni si quiera se trata de recordar simplemente lo que sucedió. La Semana Santa pide más, lo que te propone la Iglesia es algo más: vivir, revivir aquellos acontecimientos que se hacen actuales para ti de manera sacramental. Pídele a Dios vivir la Semana Santa con este propósito, para que sea para ti verdaderamente santa.

Por eso hoy, Domingo de Ramos, tienes la oportunidad no solo de recordar y hacer memoria de aquella entrada triunfal de Jesús en la Ciudad Santa, sino que puedes hacer tuyo aquel entusiasmo. Grita con la muchedumbre: *¡Bendito el que viene en nombre del Señor!* (*Mt* 21, 9). Agita tus palmas y manifiesta el deseo de recibir a Jesús que desea venir a ti. Porque Cristo quiere entrar en tu alma como lo hizo en la ciudad de David; como dice el papa Francisco: «Sí, del mismo modo que entró en Jerusalén, desea también entrar en nuestras ciudades y en nuestras vidas. Así como lo ha hecho en el Evangelio, cabalgando sobre un asno, viene a nosotros humildemente, pero viene "en el nombre del Señor": con el poder de su amor divino perdona nuestros pecados y nos reconcilia con el Padre y con nosotros mismos»[1].

Jesús desea venir a ti, desea entrar en tu vida, y le agradan las muestras de cariño, como le agradaron aquellas manifestaciones en su entrada en Jerusalén. Él viene a ti, desea entrar en tu alma, ¿cómo vas a recibirle? Y más todavía, ¿deseas de verdad, en tu interior, recibirle?

2. Para responder con seriedad a la pregunta de si deseas recibirle, quizá debas considerar primero para qué hacerlo. Dicho de otro modo, ¿a qué viene Jesús? La respuesta no es difícil. Él viene a tu alma para lo mismo que fue a Jerusalén: salvar el mundo. Jesús quiere entrar en tu existencia, en tus afanes cotidianos, para salvarte, es decir, para que tengas vida eterna. «Sin embargo –habla de nuevo el papa Francisco–, la Liturgia de hoy nos enseña que el Señor no nos ha salvado con una entrada triunfal o mediante milagros poderosos. El apóstol Pablo, en la segunda lectura, sintetiza con dos verbos el recorrido de la redención: *se despojó* y *se humilló* a sí mismo (cfr. *Flp* 2, 7.8). Estos dos verbos nos dicen hasta qué extremo ha llegado el amor de Dios por nosotros.

---

[1] Papa Francisco, *Homilía* (20-03-2016). Y también lo que sigue.

Jesús se despojó de sí mismo: renunció a la gloria de Hijo de Dios y se convirtió en Hijo del hombre, para ser en todo solidario con nosotros pecadores, él que no conoce el pecado. Pero no solamente esto: ha vivido entre nosotros en una *condición de esclavo*, no de rey ni de príncipe, sino de esclavo. Se humilló y el abismo de su humillación, que la Semana Santa nos muestra, parece no tener fondo».

Para que no nos engañe el recibimiento triunfal que obsequia Jerusalén a Jesús la liturgia nos propone completa la Pasión de uno de los evangelistas, este año la de Marcos. Jesús entra para salvarnos, pero lo hará a costa de su vida, con su entrega en la cruz. Recibir a Jesús implica caminar hacia la cruz. Su entrada triunfal no es sino la etapa final de ese camino al calvario, no lo olvides. Y en particular recuérdalo cuando las cosas te van bien. No por ser un cenizo, ni por que no haya que disfrutar de las cosas buenas de la vida y de los triunfos justos que podamos alcanzar, sino para que ese éxito no te ciegue. Porque el premio, en cualquier ámbito de la vida, no es malo ni mucho menos, pero se te puede subir a la cabeza.

3. De entre las consideraciones que puedes hacer en tu oración estos días de Semana Santa, una de las más provechosas es ponerte en su lugar y compartir con Él cada momento, cada situación. Busca en estos días tener en tu corazón los sentimientos de Cristo, identifícate con el Señor en cada bofetada, en cada desprecio, en cada insulto.

Hoy también puedes hacerlo. Ponte junto al Señor, muy cerca de Él, y te darás cuenta de las emociones encontradas de su corazón, y de la soledad tan tremenda en la que se halla. ¿Soledad?, ¡si hay una multitud vitoreándole! Sí, soledad. Soledad porque nadie comprende verdaderamente lo que sucede. Soledad porque conoce los corazones de los hombres y sabe que muchos le reciben con falsedad, y los que lo hacen sinceramente, tampoco estarán dispuestos a dar la cara por Él en el calvario. Soledad –y esta es la que más le duele–, porque los suyos más íntimos –te los puedes imaginar– estarán embriagados por el éxito de tal recibimiento y solo pensarán en que el reino está por llegar y en el puesto que podrán ocupar.

Solo hay un corazón en el que puede encontrar consuelo, solo un alma que sí le comprende, la de María, su Madre. Puedes imaginar las miradas cargadas de vibración y gravedad, pero llenas de ternura, que cruzarían madre e hijo en aquella entrada. Solo ella le acompaña de verdad. ¿No querrías hacerlo tú también? Díselo. Dile que tú sí quieres ir con Él hasta el final. Que no te importan las humillaciones, que nada te separará de Él. Díselo, si bien sabes –y Él también– que tu deseo supera tus fuerzas y que le traicionarás, aunque no lo quieras. Díselo y te mirará entonces con inmenso cariño y llorarás en tu interior, no con amargura, sino con dolor de amor.

DOMINGO DE RAMOS CICLO C

1. Acercarnos despacito a la humanidad Santísima de Cristo.

2. El mal olor de la fritanga.

3. La vida plena requiere demasiado esfuerzo como para dilapidarlo con malas compañías.

1. Deberíamos hacer nuestro el deseo de leer despacio el evangelio de hoy, con ánimo de vivir intensamente los días santos que nos disponemos a celebrar. Deseamos experimentar durante esta semana el inmenso amor de Cristo a los hombres, que se manifiesta en el misterio inefable de la última cena y en el don del sacerdocio; queremos acompañar a Jesús, abandonado y sufriente en el huerto de los olivos; ofrecer nuestra espalda a los cobardes flagelos de la acusación injusta; apartarnos de la turba que clama enfurecida por el perdón del asesino Barrabás; ayudar, como el de Cirene, al Señor, cansado, camino del calvario... y es nuestra ambición permanecer al lado de María, de pie, junto a la cruz.

Hoy es el primer paso en el itinerario de las celebraciones de los misterios que dan sentido a la historia de los hombres: la obra de la Redención. Jesucristo, perfecto mediador, pide perdón por los pecados de todos a su Padre Dios, ofreciéndole el sacrificio de su propia vida. Enseña con obras lo que antes había dicho de palabra: *nadie tiene amor más grande que el que da la vida por los amigos* (*Jn* 15, 13).

Delante de nosotros se abre un panorama inmenso de contemplación: asomarnos a los sentimientos de Cristo Jesús en el momento central de su entrega y de su vida.

En estos días santos, aspiro a preguntarte, Jesús, cómo es tu mirada y tu forma de hablar; cómo piensas, qué cosas llevabas en tu cabeza y en tu corazón. Enséñanos, Cristo, la belleza infinita de tu perfecta humanidad.

2. Era una cuestión de principios en la que no estaba dispuesto a consentir. Después de una primera vez, se prometió que jamás volvería a suceder: nunca más entraría a una churrería. El jersey, los pantalones, el pelo, la ropa, ¡todo! huele a fritanga durante una o varias jornadas (depende de la hora a la que uno vaya al establecimiento: cuanto más tarde, peor). Javier lo tenía experimentado.

Cuando recibía la orden de ir a comprar deliciosos churros, siempre actuaba igual. Tomaba de su monedero unos céntimos que completaban lo que le daba su madre. La churrería caía cerca de casa: la distancia no era problema. Cuando llegaba a la puerta, ofrecía a algún niño de su edad o algo mayor una propina, y así cumplía el encargo… y se libraba de la peste a fritanga.

Tanto lo bueno como lo malo se contagia. Es como el buen o mal olor. No somos inmunes a aquello que nos rodea. Somos… del montón. No pasa nada por reconocerlo. Un chico o una chica normales. Un hombre de la calle, una mujer moderna. Uno o una más… No todo el mundo tiene madera de líder, capaz de hacer que todo cambie por la potencia de su palabra o de su obrar. Por eso, conviene que seamos prudentes.

Me explico. Si el ambientillo de nuestro entorno hiede, el olor de nuestras acciones acabará por ser maloliente. Si, por el contrario, nos dejamos rodear por personas excepcionales, el perfume de nuestro obrar será el de la caridad.

En esta liturgia del Domingo de Ramos deseamos dejarnos contagiar de la alegría inmensa de los habitantes de Jerusalén al ver la extraordinaria figura de Jesucristo. El Señor entra en la Ciudad Santa y los hombres exultan de gozo. Se aproxima la humanidad de Cristo que enamora y que ha hecho encender durante siglos los corazones de tantas personas.

Estamos viendo a Jesús, montado sobre un borrico. Deseamos unirnos a sus más íntimos: los apóstoles y las santas mujeres. Se enciende nuestro corazón al ver que ya llega, mientras hacemos en silencio un rato de oración donde nos preguntamos por las personas con las que nos vamos a rodear durante estos días de fiesta... ¿Nos acercarán a Dios, o más bien dejarán un cierto poso de mal olor en nuestra conducta?

3. «¡A Barrabás!». La misma multitud que aclama hoy al Hijo de Dios querrá condenarlo a muerte con un veredicto injusto. Han sido manipulados. Mejor dicho: se han dejado manipular. La Virgen María, oculta entre las gentes, sufre. Se le encoge el corazón al contemplar a gentes a las que había tratado Jesús o, incluso, curado, apostar por Barrabás... y también tú y yo, que vociferamos contra Dios cuando le ofendemos con el pecado grave.

Habría, seguro, gente sencilla, personas que ni siquiera sabían lo que decían. Claro. Pero se juntaron a la chusma y como chusma se comportaron. El pesar de la condena de un hombre justo les acompañaría durante mucho tiempo.

Mételo bien en la cabeza: no existe una vida plena sin esfuerzo. Pero es un bien demasiado grande como para echarlo por la borda rodeándonos de pésimas compañías.

Considera el pasaje. Piénsalo despacio y toma determinaciones rectas, concretas, firmes, de cuidar como el don más preciado de tu vida el amor de Dios. Contempla al pueblo exultante ante la llegada del Mesías a la Ciudad Santa. Pásmate ante las mismas gentes gritando ante el procurador romano. En la mañana del Viernes Santo, «el pueblo elige a Barrabás. Pilatos exclama:

—¿Qué he de hacer, pues, de Jesús? (*Mt* XXVII, 22).

Contestan todos: —¡Crucifícale!

El juez insiste: —Pero ¿qué mal ha hecho?

Y de nuevo responden a gritos: —¡Crucifícale!, ¡crucifícale!

Se asusta Pilatos ante el creciente tumulto. Manda entonces traer agua, y se lava las manos a la vista del pueblo, mientras dice:

—Inocente soy de la sangre de este justo; vosotros veréis (*Mt* XXVII, 24).

Y después de haber hecho azotar a Jesús, lo entrega para que lo crucifiquen. Se hace el silencio en aquellas gargantas embravecidas y posesas. Como si Dios estuviese ya vencido.

Jesús está solo. Quedan lejanos aquellos días en que la palabra del Hombre-Dios ponía luz y esperanza en los corazones, aquellas largas procesiones de enfermos que eran curados, los clamores triunfales de Jerusalén cuando llegó el Señor montado en un manso pollino. ¡Si los hombres hubieran querido dar otro curso al amor de Dios! ¡Si tú y yo hubiésemos conocido el día del Señor!»[1].

---

[1] San Josemaría Escrivá, *Via Crucis* I,1.

LUNES SANTO

1. *Las riquezas de la Iglesia.*
2. *El amor se manifiesta en actos y cosas sensibles.*
3. *Amar por los que no le aman.*

1. Más de uno cuando habla criticando a la Iglesia por las riquezas que atesora, en referencia sobre todo a las obras de arte y los objetos de valor que se usan para el culto, piensa que está haciendo un ejercicio de pensamiento crítico, moderno e inteligente. Incluso alguno todavía más audaz pensará que está de ese modo yendo al sentido más puro y genuino del evangelio de Jesús. Pues vaya chasco si leyera el evangelio de hoy: porque ni moderno ni en sintonía con el evangelio. Es tan viejo ese ataque como el mismo evangelio, y el que aparezca en labios de Judas no es en absoluto algo que debamos pasar por alto. Pero vayamos a la narración de san Juan que leemos en la misa de hoy.

Relata el evangelio de Juan que María, la hermana de Lázaro –a quien Jesús había devuelto la vida–, mientras están a la mesa *tomó una libra de perfume de nardo, auténtico y costoso, le ungió a Jesús los pies y se los enjugó con su cabellera. Y la casa se llenó de la fragancia del perfume* (*Jn* 12, 3). Y en seguida, como un resorte, la reacción de Judas, que dice: *¿por qué no se ha vendido este perfume por trescientos denarios para dárselo a los pobres?* (*Jn* 12, 4). ¿Por qué salta así Judas? ¿Es verdadero su interés hacia los pobres? El mismo evangelista se encarga de añadir que en realidad no decía eso porque le importaran los pobres sino porque era un ladrón (cfr. *Jn* 12, 6).

Pero no es solo por amor al dinero por lo que reacciona así Judas. Es que tiene envidia. No soporta ni siquiera oler ese perfume porque es fragancia de amor. Le hace hervir la sangre ver ese gesto de cariño y gratitud hacia el Señor porque él ya no es capaz de hacer nada semejante. Judas ha dejado de quererle, se ha apartado de Él, y no aguanta ver que otros sí le quieran. El problema no son los pobres, el problema es que como le falta amor, todo le parece excesivo para Jesús.

2. Querer lo mejor para la persona amada es algo propio y natural en quien ama. Humanamente es así. El novio piensa en cuál podrá ser el mejor regalo que le puede hacer a su novia por su cumpleaños y ahorrará, privándose de cosas que le gustan, para poder comprarlo. La madre procura que resulte especial la celebración del santo de cualquiera de sus hijos y para ello se esmerará en su preparación. Resulta evidente para quien ha experimentado el amor de verdad, que este siempre implica querer el bien –lo mejor– para la persona amada, y trata de manifestarlo con detalles concretos.

No puede ser de otra manera cuando hablamos del amor a Dios. Porque no tenemos un corazón distinto ni sabemos otra forma de amar diferente. El amor a Dios también se concreta en los detalles: en el cuidado material de las cosas de Dios, en particular de lo que tiene que ver con la Eucaristía. Es expresión de amor custodiar y tratar con sumo cuidado el cuerpo del Señor que se ha quedado con nosotros de manera tan admirable. Así lo han entendido generaciones de cristianos que han destinado generosamente lo que tenían a embellecer los sagrarios y a tener vasos sagrados lo más dignos y preciosos posibles. Así lo han entendido los santos; baste como ejemplo las siguientes palabras de un fraile medieval: «Os ruego, más que si se tratara de mí mismo, que, cuando os parezca bien y veáis que conviene, supliquéis humildemente a los clérigos que veneren sobre todas las cosas el santísimo cuerpo y sangre de nuestro Señor Jesucristo y sus santos nombres y sus palabras escritas que consagran el cuerpo. Los cálices, los corporales, los ornamentos del altar y todo lo que concierne al sacrificio, deben tenerlos preciosos. Y si el santísimo cuerpo del Señor estuviera colocado en algún lugar paupérrimamente, que ellos lo pongan y lo cierren en un lugar precioso según el mandato de la Iglesia, que lo lleven con gran veneración y que lo administren a los otros con discernimiento»[1]. Son palabras de san Francisco de Asís en una carta que escribe a los custodios de los conventos de su orden. Son palabras de alguien que vivió y enseñó un amor a los pobres y a la pobreza extraordinarios. Vuelve a leerlas y piensa si no es artificial la oposición de Judas, y de los que piensan como Judas, entre cuidado de los pobres y el cuidado del cuerpo de Cristo.

---

[1] SAN FRANCISCO DE ASÍS, *Carta a los custodios I*.

3. María será siempre recordada por su gesto de amor y delicadeza hacia Jesús. Y lo más importante, Jesús mismo lo recordará. Esos actos de amor y cariño, no te quepa la menor duda, no caen en el olvido. Dios es de frágil memoria para nuestros pecados, basta que le pidamos perdón para que se borren sin dejar rastro. Pero tiene «memoria de elefante» para tus buenas obras, y en particular para esos pequeños detalles hacia su Hijo. ¿No te anima esto a estar más pendiente de Jesús en la Eucaristía? ¿A recibirle con mayor piedad y delicadeza cada vez que comulgas su cuerpo y su sangre?

Pero, por si no te mueven suficientemente estas consideraciones, piensa en el trato que recibió el cuerpo del Señor en la Pasión: golpeado, despreciado, torturado. ¿No te mueve a desagraviar verle hecho una llaga por amor a ti? Y piensa además que al quedarse en la Eucaristía se ha expuesto al maltrato de los hombres que pueden, como hicieron entones, ultrajarle de cualquier manera. No faltan casos lamentables y dolorosos en nuestros días. ¡Ojalá se despierte en ti el deseo de ahogar todo ese mal con la fuerza de tu amor y tu delicadeza! Pide al Espíritu Santo que te infunda ese deseo de tratar bien a Jesús por los que lo tratan mal y de quererle por los que no le quieren.

MARTES SANTO

1. La pasión y la gloria.
2. Un traidor en el Cenáculo.
3. La tragedia de Judas.

1. Falta muy poco para entrar en la celebración del misterio pascual, y las lecturas de la misa nos van llevando hacia ese momento. Hoy nos hace poner la mirada el evangelio de san Juan en la predicción que hace Jesús de la inminente traición de Judas y de los acontecimientos que se van a desencadenar. Atiende bien a sus palabras. No hay en ellas sombra de desesperación, ni tampoco adquieren tintes trágicos, al contrario, anuncian la pasión y a la vez la glorificación. Como dice Benedicto XVI: «En el misterio pascual pasión y glorificación están estrechamente vinculadas entre sí, forman una unidad inseparable. Jesús afirma: *Ahora ha sido glorificado el Hijo del hombre y Dios ha sido glorificado en él* (*Jn* 13, 31) y lo hace cuando Judas sale del Cenáculo para cumplir su plan de traición, que llevará al Maestro a la muerte: precisamente en ese momento comienza la glorificación de Jesús. El evangelista san Juan lo da a entender claramente: de hecho, no dice que Jesús fue glorificado solo después de su pasión, por medio de la resurrección, sino que muestra que su glorificación comenzó precisamente con la pasión. En ella Jesús manifiesta su gloria, que es gloria del amor, que entrega toda su persona»[1].

Gloria y pasión, premio y entrega no son algo que se da sucesiva y separadamente, sino que se encuentran entrelazados en el misterio pascual y en la vida cristiana que brota de él. Hay ya una gloria incoada, iniciada, en la entrega y un premio en el darse por completo. Es la gloria del amor. Todavía es solo el inicio, pero ya está presente. Descúbrela y compártela con Cristo cuando se acerca el momento de su entrega, es el momento de su glorificación y de la tuya.

2. Una gloria de la que no participará Judas que sale del Cenáculo para traicionar al Señor. Hasta ese momento ha permanecido allí, con los íntimos de Jesús, compartiendo las confidencias del Maestro. Como uno más de los doce ha participado en el lavatorio de los pies. ¿Puedes imaginar la mirada que cruzaría con Jesús en ese momento? Él, que tiene ya en el corazón la intención de entregarle (cfr. *Jn* 13, 2), es tratado con el mismo cariño y cuidado por Jesús: le lava los pies, como un esclavo hace a su señor. Quizá eso es lo que no pudo soportar Judas de Jesús: el esperaba un mesías guerrero, poderoso, triunfador sobre los romanos. No entendía el camino de un mesías sufriente, de un mesías que debía pasar por la ignominia. Son

---

[1] Benedicto XVI, *Homilía* (02-05-2010).

precisamente esos gestos los que el despreciaba. Y a la vez, quizá se estremeció al recordar en su corazón el fuego ya extinguido de su amor por Cristo.

Enfrente, la mirada de Jesús, serena, con un fondo de tristeza, pues conoce el alma de Judas, y al mismo tiempo cargada de misericordia hacia quien le va a traicionar. Es la mirada que puedes adivinar en Él cuando tú te dispones también a traicionarle dejándote llevar por la tentación hacia el pecado.

La cena prosigue y la tensión iría creciendo en el interior de Judas hasta hacerle salir apresuradamente tras verse señalado como traidor, aunque ninguno se diese cuenta. Ahora ni se atreve a volver la vista a Jesús que le acompaña en su huida con la misma mirada de antes. No quiere verle, ni quiere ser visto. Las tinieblas han ganado. ¡Qué dolor para Jesús! Ojalá puedas compartirlo y así impedir que le causes tú un sufrimiento semejante.

3. La figura de Judas, a pesar de lo trágico de su historia, puede ayudarnos en nuestra meditación todavía en algunas cuestiones más. Considera la trayectoria y la vida de este apóstol –pues lo fue, aunque traicionara la confianza del Señor y de los discípulos– sin simplificar las coas. Es insuficiente trazar una caricatura de él como si ya desde el principio lo suyo fuera el mal camino y la traición. No. Estoy convencido de que no querría haber llegado al punto que describe el evangelio de hoy de ninguna manera. Y por eso sobrecoge pensarlo, pues nos hace asomarnos al misterio de la libertad humana, creada tan grandiosa por Dios que puede destruirse a sí misma.

En primer lugar, considera que Judas fue llamado por Jesús a seguirle junto con los otros once para formar su círculo más íntimo. El Señor vio en él, como en los otros, un corazón generoso, capaz de darse. Vio también su fragilidad, pero lo amó y se ilusionó con lo que su Espíritu podría llegar a hacer de él. La llamada fue verdadera. No pienses que el fracaso significa que en el origen la cosa ya estaba mal, no tiene por qué ser así. La llamada de Dios es verdadera; la que hizo a Judas lo fue, la que te hace a ti en lo íntimo de tu corazón, también. Pero esta llamada está en tus manos, como estaba en manos de Judas responder a la suya.

Tampoco pienses que le faltó a Judas la ayuda de Jesús. Él estuvo con los demás en los innumerables prodigios que realizó y escuchó sus enseñanzas y sus polémicas con los fariseos y los sacerdotes. También le fueron lavados los pies y participó en la última cena. Y, tampoco lo dudes, por él oró e intercedió Cristo como lo hizo por el resto, como lo hace por ti y por mí. Y sin embargo solo la jornada de Judas acaba en tragedia, no tanto por haber vendido a Jesús –salvo Juan, también le traicionaron los demás; y Pedro incluso le negó–, sino por ser incapaz de volverse a Él y pedir perdón.

Es un misterio. No le faltó nada que tuvieran los otros once y sin embargo algo se torció desde hacía ya un tiempo y terminó llevándole a la perdición. Es el misterio de la libertad. Que pensar en esto no te llene de temor ni te paralice, pero que te haga caer en la cuenta de que tenemos pies de barro, de que somos frágiles. Y dile a Jesús que no permita que te separes de Él; que en la caída y en la deslealtad, te libre de la desesperación que ahogó el corazón de Judas, y te dé, en cambio, las lágrimas arrepentidas de Pedro para acudir siempre a su lado esperando el perdón.

MIÉRCOLES SANTO

1. Por treinta monedas.

*2. También vendemos al Señor en ocasiones
por muy poca cosa.*

3. Por nuestra frivolidad también va Jesús a la cruz.

1. La traición se consuma. El plan para prender a Jesús ya está en marcha. Judas acuerda el precio con los sumos sacerdotes: «*¿Qué estáis dispuestos a darme si os lo entrego?*». *Ellos se ajustaron con él en treinta monedas de plata* (*Mt* 26, 15). Sin negociación, sin regateo, Judas vende a Jesús por la primera cantidad que le ofrecen, como un vendedor que se quiere quitar de encima lo que no vale nada y le estorba. Por treinta monedas de plata apenas tendría para comprar un esclavo. ¡El Hijo de Dios vendido por menos de lo que valía un esclavo!

La traición es muy mala pagadora, el pecado aún peor. Son tan exiguas y amargas aquellas monedas para Judas que trata de dar marcha atrás y devolverlas a los sacerdotes, pues son monedas manchadas con sangre. Nadie las quiere, ni Judas ni los Sacerdotes. Solo servirán para comprar un campo que se usará como cementerio para los forasteros (cfr. *Mt* 27, 3-10).

Este es el precio por Jesús, en eso fue tasado el Señor del universo. Realmente ha asumido la condición de esclavo por nosotros. Se ha abajado y despojado de todo. Se ha hecho pobre para enriquecernos con su pobreza (cfr. *2 Co* 8, 9). Fíjate en la humillación que padeció Cristo y piensa si tienes motivos para quejarte cuando sufres alguna en tus carnes. Cuando tengas la tentación de quejarte, recuérdale a él vendido por treinta monedas, insultado y ultrajado, en quien se cumple lo escrito por Isaías: *ofrecí la espalda a los que me golpeaban, las mejillas a los que mesaban mi barba; no escondí el rostro ante ultrajes y salivazos* (*Is* 50, 6). Él no escondió el rostro por ti, para salvarte. Piensa en Él cuando padezcas una ofensa y aprovecha esa ocasión para compartirla con Jesús y ofrecérsela como sacrificio de suave olor.

2. Te parecen poco treinta monedas para entregar a Jesús a la cruz, pero refleja bien lo que hacemos tú y yo con nuestros pecados. No hace falta que estos sean gravísimos para que lleven a Cristo a la cruz. Se cuenta que en una ocasión santa Teresa de Jesús al detenerse ante un crucifijo muy sangrante le preguntó: «Señor, ¿quién te puso así?», y le pareció que una voz le decía: «Tus charlas en la sala de visitas, esas fueron las que me pusieron así, Teresa». Ella se echó a llorar y quedó terriblemente impresionada. Pero desde ese día ya no volvió a perder tiempo en charlas inútiles y en amistades que no llevaran a la santidad.

Fácilmente cedemos al pensamiento de que Cristo está en la cruz únicamente por los pecados graves. Y cuando meditamos en el mal, discurrimos sobre los grandes males y horrores del mundo: las guerras, los crímenes más horrendos, el hambre de los más desfavorecidos, etc. Sí, Cristo está en la cruz por todo eso, pero no solo. Si nos quedáramos ahí sería como decir que solo fueron responsables de su ejecución el Sanedrín y Pilatos con la complicidad de Herodes; pero, ¿dónde estaba la muchedumbre que lo recibió triunfalmente unos días antes? ¿Dónde estaban los que, como se dice en los evangelios, habían creído en Él? Más aún, ¿dónde estaban sus más íntimos? También ellos tienen su parte de culpa.

Mirar la cruz y pensar solo en los grandes pecados puede llevarnos a una falsa sensación de tranquilidad si, por gracia de Dios, no es nuestro caso el haber caído en ellos. Ojalá la voz que escuchó Teresa de Jesús te despierte también a ti de esta ensoñación como hizo con ella. Cristo está en la cruz por tus pecados, por tus culpas grandes y pequeñas, no lo olvides cuando le mires y lo veas clavado en el madero.

3. La respuesta de Jesús a santa Teresa apuntaba directamente a la frivolidad y la superficialidad de algunos de sus encuentros y charlas con las visitas que iban al convento. Ambas cosas, frivolidad y superficialidad, eran y son tenidas en poca consideración. Se piensa con frecuencia que tienen poca importancia e, incluso hay quien no las vería como auténticas faltas sino como rasgos de carácter. Pues ya se ve que a Jesús no le agrada en absoluto, por eso no está de más que medites sobre ello, como hizo Teresa.

Si te dejas llevar por conversaciones frívolas y superficiales date cuenta de que, aunque quizá en sí mismas no tengan la mayor importancia, conllevan algunos peligros y efectos colaterales. La frivolidad y la superficialidad cuando se instalan en tus conversaciones y en tus relaciones de amistad pueden coparlo todo, sin dejar hueco alguno para lo realmente importante, lo que edifica una verdadera amistad. Seguro que tienes experiencia de ello: con personas ciertas personas solo hablas de fútbol, del tiempo, de la forma de vestir... No es malo que haya gente con las no pasemos de ahí; el problema es si con ninguna lo hacemos, si con todos nos quedamos en asuntos banales. Y si la frivolidad y la superficialidad impiden la verdadera amistad humana no hace falta decir que también son un obstáculo para la divina. Ya solo la expresión «vida interior» usada para referirse a tu relación con Jesús nos habla de la necesidad de profundizar. Y no olvides el peligro de que esa superficialidad y esa manera de tratar las cosas por encima se conviertan con facilidad en terreno resbaladizo que te lleve a cosas perores como criticar, juzgar duramente, mentir, etc.

Treinta monedas son muy poca cosa, tu frivolidad y superficialidad también. ¿Dejarás a Cristo en la cruz por tan poca cosa? Ojalá le pidas como Teresa de Jesús el deseo sincero y la fortaleza necesaria para luchar cada día por enmendarte en estas pequeñeces que también hacen sufrir al Maestro.

JUEVES SANTO

1. Jesús nos amó hasta el extremo.
2. La condición para estar junto a Jesús en el Cenáculo.
3. Amar como Jesús.

1. La hora ha llegado. Es el momento culminante de la entrega y de la glorificación de Jesús. El evangelista nos introduce de manera solemne en este acontecimiento: *Antes de la fiesta de la Pascua, sabiendo Jesús que había llegado su hora de pasar de este mundo al Padre, habiendo amado a los suyos que estaban en el mundo, los amó hasta el extremo* (Jn 13, 1). La Pasión de Jesús es obra de amor. Repite y medita en tu interior las palabras de Juan: *habiendo amado a los suyos que estaban en el mundo, los amó hasta el extremo;* porque resumen la entrega de Cristo.

Habiendo amado a los suyos. Dios no ha hecho otra cosa desde que nos creó de la nada sino amarnos, y amarnos con locura hasta el punto de enviar a su Hijo para salvarnos. Jesús ha encarnado ese amor de Dios por los suyos. Y, no lo dudes, tú estás entre esos suyos a los que ama. Eres de Cristo, porque Cristo te ha creado y te ha amado desde la eternidad.

Que estaban en el mundo. Así, de primeras, esta anotación del evangelista puede parecer algo superflua e innecesaria, ¿dónde iban a estar, si no, en Marte? Pero date cuenta de que no se trata de una información acerca de la localización de quienes son amados por Jesús. Mundo significa aquí, como en general en los escritos de san Juan, la creación vuelta contra Dios. Por eso detente en considerar cómo Jesús te ha amado antes de redimirte. Te ha amado aun cuando formaras parte de ese mundo arrojado contra Él. Jesús te ama incluso cuando andas sumergido en la suciedad del pecado. No lo olvides y deja que se conmueva tu alma por un amor tan grande y tan inmerecido.

Los amó hasta el extremo. ¿Cuánto te ha amado Cristo? Hasta la cruz, eso significa amar hasta el extremo. Jesús lleva su amor por ti hasta la entrega total de sí mismo para que tú tengas vida. Solo meditar esto daría para este rato de oración y para muchos más. Repítelo en tu interior una y otra vez: «Me amó hasta el extremo y se entregó por mí, por mí, por mí…».

2. El Jueves Santo es un día para estar en el Cenáculo junto a Cristo, junto al Maestro. El Cenáculo es el lugar de la amistad, de la intimidad con Jesús. Ojalá dediques algún rato a estar hoy junto al monumento, compartiendo confidencias con Él, con la cabeza recostada en su pecho como san Juan. En el Cenáculo Jesús anticipa su entrega en la cruz, allí lava los pies a los suyos significando la auténtica purificación que es limpiar el pecado. Necesitamos de ese lavatorio; necesitas que Jesús te limpie. A veces pensamos que no nos hace falta, bien porque no damos importancia a nuestras faltas o las pasamos por encima, bien por soberbia no reconociéndolas. El motivo es lo de menos, lo cierto es que, como Pedro, quizá en ocasiones te niegas eso que tanto necesitas.

Escucha las palabras de Cristo: *si no te lavo no tienes parte conmigo* (*Jn* 13, 8). Es condición para permanecer junto a Cristo dejarse lavar por Él. No es requisito ser muy inteligente o virtuoso, tener muchas aptitudes y habilidades, tampoco lo es presentar una conciencia inmaculada. El requisito es dejarse limpiar por Jesús, dejarse amar hasta el extremo. Por eso Judas se irá, porque él no está limpio, no se ha dejado amar por Jesús. Déjate limpiar, déjate amar por el Maestro. Acude a su misericordia siempre que lo necesites, te espera para lavar con cariño las manchas de tus malas acciones.

3. En el Cenáculo Jesús te entrega también su legado, el principio nuevo que ha de regir la vida de sus discípulos: *Os doy un mandamiento nuevo: que os améis unos a otros; como yo os he amado, amaos también unos a otros* (*Jn* 13, 34). ¿Por qué es nuevo este mandamiento? ¿No se decía ya en el Antiguo Testamento que había que amar a Dios y al prójimo, algo, por otra parte, que fue puesto de manifiesto en varios diálogos de Jesús con algunos escribas? ¿Dónde está la novedad entonces?

La novedad la encuentras en el *como yo*. Es un mandamiento nuevo no por lo que manda sino por la modalidad que exige en el mandato. Cristo te dice que ames poco o mucho, ni con tal o cual intensidad, sino que ames como Él. Hay una nueva medida para el amor: el amor de Jesús que nos ha revelado en la cruz.

Un amor que se manifiesta especialmente en el servicio a los demás. El lavatorio de los pies adquiere así un nuevo significado que explica el mismo Cristo: *si yo, el*

Maestro y el Señor, os he lavado los pies, también vosotros debéis lavaros los pies unos a otros: os he dado ejemplo para que lo que yo he hecho con vosotros, vosotros también lo hagáis (*Jn* 13, 14-15). Cristo ha asumido la condición de esclavo y te pide que la asumas tú también y que sirvas a tus hermanos en lo que necesiten. Amar como Él significa hacer lo que hace Él, servir como sirve Él. Poner por delante de tu comodidad, de tus apetencias, incluso de tu bienestar, la atención a los demás.

Ojalá que en la intimidad con Jesús en el Cenáculo prenda en tu alma la llama que te lleve a amar a los demás como Él. A imitarle en ese arte supremo del servicio que te asemeja a tu Creador cuando lo practicas, que hace divinos tus quehaceres cotidianos. Admira el ejemplo del Señor y pídele ser fiel imitador suyo siguiendo así su mandato.

VIERNES SANTO

1. Cristo te sigue llamando desde la cruz.

2. Aprender a amar la cruz.

3. Llegar a la sangre en la lucha contra el pecado.

1. Viernes Santo. Cristo ha sido clavado y levantado en la cruz. Lo había anunciado, había advertido a los suyos cuál era el destino que le aguardaba, pero no por ello es menos doloroso verle así. No resta un ápice de rabia, incomprensión, impotencia, tristeza; todo eso se agolpa en el corazón de los amigos de Jesús, también en el tuyo. Y desde la cruz, Jesús te mira y te repite al oído aquellas palabras que ahora cobran todo su sentido: *Si alguno quiere venir en pos de mí, que se niegue a sí mismo, tome su cruz y me siga* (*Mc* 8, 34). Seguir al Maestro pasa siempre por la cruz. Desde ahí, Jesús te mira y te interroga si quieres permanecer fiel junto a Él, si tomarás el camino que te propone. No te engaña, ese camino pasa por el calvario.

Ahora la llamada de Cristo se hace especialmente dramática porque si miras alrededor parece la llamada del mayor de los fracasados. Él, que había anunciado la llegada del reino de Dios, sufre el tormento bajo la tiranía de los romanos y de su títere Herodes. Él, que anunció la ley nueva del amor, padece ese arranque de odio ciego y salvaje. Todo parece perdido. Todo en llamas a su alrededor. Un fuego que no ha dejado de arder a lo largo de los siglos: guerras, injusticias, crímenes... El mundo sigue en llamas y hace la guerra al enviado de Dios con toda su fuerza. Hoy puedes ver a Cristo crucificado en los más pobres, en los que sufren persecución, en las víctimas inocentes.

Querrías salir corriendo. Te asusta la sola visión de Cristo colgado del madero y del terrible poder del mundo vuelto contra Dios que parece arrasarlo todo. Y sin embargo la única esperanza está ahí, en la cruz. En medio del incendio se alza como lo único a lo que agarrarse. Aférrate a la cruz y repite aquellas palabras de un himno de los primeros cristianos:

¡Salve, oh cruz, única esperanza,
en estos tiempos difíciles!
Damos gracias por tu piedad,
perdona nuestros pecados.

2. Es verdad: en la cruz podemos reconocer la única esperanza, pero no por ello se hace menos dura, menos pesada, menos dolorosa. Y más, cuando sigue Jesús diciéndote: «si quieres venir conmigo, si quieres seguirme, has de negarte a ti mismo y tomar tu cruz». ¡Qué duras y arduas se hacen estas palabras! Lo que nos sale es apartar la cruz, huir de todo lo que signifique sufrimiento, dolor o renuncia, pero es lo que pide Jesús. Para compartir con Él la vida hay que compartir la muerte, hay que pasar por la cruz.

No te avergüence sentir miedo o rechazo, les pasó a los discípulos que corrieron lejos llenos de miedo y de confusión. Al pie de la cruz solo están María, algunas mujeres y Juan. Los fuertes han huido con Pedro a la cabeza. Dios ha querido que solo los débiles del grupo de íntimos de Jesús fueran los que le acompañaran en aquel momento: las mujeres y el más joven de los apóstoles. Así te enseña que, si quieres abrazar la cruz, no es tu propia fortaleza la que te sostendrá, sino la gracia de Dios. Y para obtenerla lo primero es pedirla, pedirla con insistencia y humildad. Al principio habrás de hacerte violencia porque tu interior se rebelará ante la cruz y no querrá ir hacia ella. Tu oración y tu insistencia terminarán por hacértelo desear de verdad. Algo parecido sintió nuestro Señor en el huerto pidiendo al Padre que, si era posible, pasara ese cáliz que debía beber –la cruz– pero añadiendo que no se hiciera su voluntad sino la suya. Jesús te enseña así a vencer ese impulso tan humano de reservarte, de evitar el sufrimiento, de mirar por el propio interés. Únete a la oración de Jesús y pide a Dios amar la cruz, abrazar la cruz.

3. Mirando a Cristo colgado por nuestros pecados y llamando a quien quiera seguirle, resuenan aquellas palabras de la Carta a los Hebreos: *todavía no habéis llegado a derramar sangre en vuestra lucha contra el pecado* (*Hb* 12, 4). Porque Cristo en la cruz libra el combate definitivo contra el pecado y para vencerlo no ha escatimado en derramar su sangre. Cuando te pide que tomes tu cruz y le sigas en esta batalla, ¿realmente puedes decir que estás luchando tú también hasta derramar la sangre?

Ante Cristo que lucha por ti contra el pecado haz con sinceridad un examen de cómo vas en tus particulares batallas. Para vivir la vida nueva hay que morir a lo viejo, y lo viejo es el pecado. ¿Buscas de verdad morir a ti mismo, a tus evasivas y desviaciones, para tener la vida nueva que nace de la cruz? Y esto piénsalo en lo concreto, sin divagaciones. La cruz del Señor reclama de ti un decidido combate contra el pecado, sin pactar a la baja con tus flaquezas.

Abrázate al madero cada día. Busca la ocasión de unirte a Cristo. Con las contrariedades que te vengan dadas, pero también buscando ocasiones para sacrificarte por Él con detalles de servicio a los demás o con alguna privación voluntaria de algo que te agrade. Acoger la cruz, acoger la llamada de Cristo a tomarla, significa recorrer con Él el camino de la renuncia y la penitencia para que así opere en ti la muerte del Señor con la esperanza de que también actuará la vida que brota de su costado abierto.

SÁBADO SANTO

1. Descendió a los infiernos.

*2. Experimentar la ausencia para valorar
y gozar más de su presencia.*

3. El día de María.

1. Recuerdo que hace años, cuando estudiaba en el seminario, un compañero de la facultad, que era chino y llevaba unos pocos meses en España, alzó la mano en clase con cara de desconcierto. El profesor estaba explicando en aquella clase de Introducción al Cristianismo el artículo del Credo que dice que Cristo *descendió a los infiernos*. Con su todavía dificultoso castellano le preguntó: «¿quiere decir que bajó al infierno, donde está el demonio?». La pregunta es hoy del todo pertinente porque hacemos memoria del tiempo que reposó Jesús en el sepulcro y que la Iglesia siempre ha vinculado con ese artículo de la profesión de fe.

En efecto, Jesús descendió a los infiernos, entendiendo esto no en el sentido de la condenación eterna, sino en el de aquel lugar dominado por la muerte en el que aguardaban justos e injustos el cumplimiento de la promesa de Dios. Hoy es el día en que Cristo bajó al dominio de la muerte para destruir su reinado. La iconografía cristiana ha representado no pocas veces esta escena con una imagen muy gráfica: Cristo dando la mano a Adán y Eva a los que saca de las fauces de una gran bestia marina que representa a la muerte. Es una imagen hermosa y muy expresiva que te muestra cómo Cristo ha ido hasta el reino de la muerte para rescatar de sus garras a los que habían sido su presa.

Hasta ahí llega Jesús en su amor por los hombres, no ya hasta el fin del mundo, sino más allá. En el silencio de este día la muerte fue vencida y su reino destruido. La muerte ha sido engañada: ha mordido en el cuerpo del Señor confiada de poder devorarlo como lleva haciendo desde que los primeros padres pecaron, y sin percatarse es ella quien comienza a ser aniquilada por la vida nueva. Llénate de asombro por un misterio tan grandioso.

2. Pero hoy no es solo un día para contemplar cómo Cristo ha descendido al reino de la muerte para liberar a quienes tenía allí cautivos, es también un día para considerar y contemplar lo que sucedió sobre la tierra. Trata de imaginar cómo sería el amanecer de aquel primer Sábado Santo de la historia para los discípulos de Jesús. El primero desde hacía mucho tiempo en que no estaba con ellos el Señor. No sé si puedes hacerte una idea de lo desorientados y desanimados que debían sentirse. Sin saber qué hacer, ni dónde ir. Con miedo a salir y avergonzados por su propia cobardía. Pero sobre todo el sentimiento de soledad. Si la presencia de Jesús podía llenar cualquier situación, precisamente por eso, su ausencia se les haría insoportable.

Quizá la única manera de experimentar algo la soledad y el desamparo que sentirían los amigos del Señor sea acudir a una iglesia después de la celebración de

Viernes Santo y verla vacía, sin Jesús en el Sagrario. Si permaneces allí un rato haciendo tu oración es muy posible que experimentes esa sensación amarga de orfandad, de vulnerabilidad e indefensión porque falta Jesús. Así debieron de sentirse aquella mañana terrible los más íntimos de Jesús.

A veces no nos damos cuenta de lo que tenemos hasta que nos falta. También nos sucede esto con el Señor. Le tenemos tan cerca, se ha quedado tan accesible en su presencia eucarística, que la familiaridad e intimidad que nos ofrece podemos terminar pensando que es lo más normal del mundo. Solo cuando en alguna ocasión no lo tenemos, caemos en la cuenta de lo extraordinario que es gozar de su presencia. Que el silencio de este día, silencio de toda la Iglesia que no celebra hoy la misa, ni ningún otro sacramento, te ayude a entender mejor el inmenso valor de la Eucaristía. Ojalá que esta espera para poder de nuevo gozar de Cristo en la eucaristía de esta noche santa, cuando estallará la alegría de toda la Iglesia en la Vigilia Pascual, se te haga eterna, como se hacen eternos los minutos y las horas para quien aguarda encontrarse con quien se quiere.

3. Hoy los discípulos de Jesús solo tienen un consuelo, que es a la vez su único apoyo y auténtico sostén en aquellos momentos de desaliento: la presencia maternal de María. Hoy es el día de María en el triduo santo. Hasta ahora su presencia junto a Jesús ha sido siempre discreta, callada, en un segundo plano. Pero hoy todas las miradas se vuelven a ella. Miradas de pena, de dolor compartido, de admiración por su extraordinaria fortaleza junto a la cruz. Miradas perdidas de aquellos a los que se les ha arrebatado su seguridad. Y a la vez sorpresa ante la actitud de la Madre de Jesús. Porque les conforta, les anima a que esperen, a que no abandonen el Cenáculo, como quizá ya muchos barruntan entre lamentos.

En aquella hora terrible no están huérfanos, tienen a la Madre que Jesús les ha dado en la cruz por medio de ese diálogo maravilloso con Juan y María. Y María ejerce de madre. Porque la madre es el alma del hogar, especialmente en la dificultad. El corazón de la madre es el que sufre siempre con sus hijos y el que da consuelo a estos cuando la vida les golpea. Ella es la que les mantiene ahora unidos, la que con su serenidad les insufla calor en sus heladas almas, la que por unos instantes les hace olvidar lo trágico de la situación.

Pero, ¿de dónde saca esa fuerza, esa serenidad? El secreto de María es el mismo que le acompaña toda su vida desde el comienzo: guardar y meditar en su corazón. En medio de la desolación, después de haber visto –rota por el dolor– a su hijo morir en la cruz, después de haberlo dejado en el sepulcro, en su alma resuenan aquellas palabras que escuchó muchos años atrás, en su juventud: *Será grande, se llamará Hijo del Altísimo, el Señor Dios le dará el trono de David, su padre; reinará sobre la casa de Jacob para siempre, y su reino no tendrá fin* (*Lc* 1, 32-33). Es su fe inquebrantable la que alumbra la oscuridad y la única luz para los desolados discípulos. Así es María siempre para sus hijos. Así lo es para ti. En la angustia, en la desesperanza, no te apartes de su lado, ella te consolará y te guiará.

ÍNDICE

PRIMERA SEMANA DE CUARESMA

SEGUNDA SEMANA DE CUARESMA

TERCERA SEMANA DE CUARESMA

CUARTA SEMANA DE CUARESMA

QUINTA SEMANA DE CUARESMA

SEMANA SANTA